U0086507

Treasure
Museum of World Religions
Opening Celebrations

珍藏
世界宗教博物館開館實錄

世界宗教博物館
MUSEUM OF WORLD RELIGIONS

序文

無私奉獻
美夢成真

開館了，有人在忙，有人在哭，有人在笑，也有人在計較。主人忙著哭，客人忙著笑。笑中的喜悅，哭中的失落，護持的人啊!別忘了，客人是過客，主人永遠是主人。曲終人散，我呢?非主非賓，該哭?還是該笑?迴然一照：

昭昭然 明光一片　　陶陶然 喜樂無限

十年一覺究竟如斯!

敬愛的施主啊!「若菩薩心住於法而行佈施，如人入闇，即無所見。若菩薩心不住法而行佈施，如人有目，日光明照.......」

菩薩初發心，無所求，無所得，只有信念只有付出。為悲憫眾生苦，為成就眾生智識，念念念眾生，步步步紅塵，然，

我今念眾生，眾生以何待？

我今度眾生，眾生知何在？

出家所為何來：

水月空花影
堪忍觀自在
般般般若行
究竟成如來

悲欣交集之際，佛心、師志、眾生恩、恆常於心，普皆回向。

世界宗教博物館 執行長

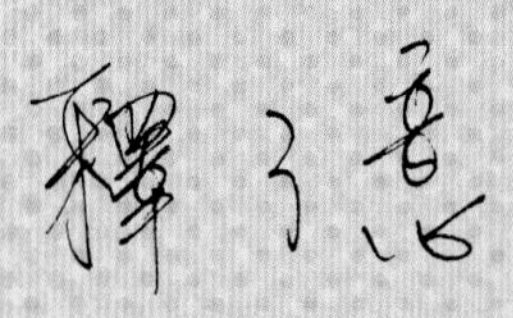

Preface

Selfless Dedication

A Dream come true

The museum has opened. Someone is busy; some trying; some laughing; and some haggling. The host is crying, and the guest is laughing. The joy of laughing and the sadness loss of weeping, Supporters, do not forget that a guest is only a passer-by, but the host is always the host. The music ended, the audience dispersed, but what about me? Neither a guest, nor a host. Should I cry or should I laugh? I turned and glanced:

Clear, ubiquitously brightness

Enchanting, infinite joy

Awakened after ten years, the all-encompassing truth.

Dear and respectable benefactor,

If Bodhisattva gives offerings with a mind persisted to dharma, it's like a person that enters a dark place, nothing to be seen; If Bodhisattva gives offers without a mind persisted to dharma; it's like a person with eyes, able to see the bright sunlight.

Bodhisattva cultivates the initial state of mind. No request, no gain, only faith, only to give. To sympathize with the suffering of all living beings, to help to accomplish their enlightenment. Every thought includes all living beings. Walking step by step in the mortal world. Yet,

I consider all living beings, but how will they respond?

I liberate all living beings, but are they aware of their state of being?

Why do I forsake the world?

Moon in the water and flower in the air are all illusions.

Through observing the mind free from delusion,

In this endurable world,

And action and vows with Prajna wisdom,

I will finally become Buddha.

At a single moment, sorrow and delight, Buddha's heart, Master's vow, and all living beings` favors, are constantly borne in my mind, and the merit is dedicated to all.

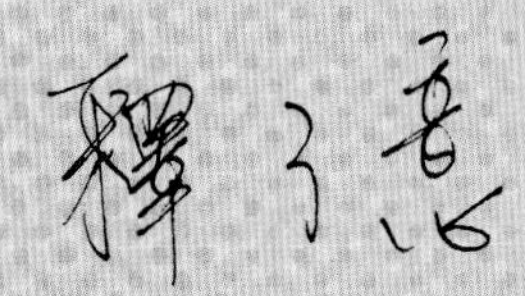

Liao Yi Shih

CEO, the Museum of World Religions

目錄

壹.開幕曲

貳.全球聖蹟維護國際會議

參.最終回

肆.生命的樂章

伍.附錄篇

Table of Contents

Chapter 3 The Finale

Chapter 4 Chapter of Life

Appendix

壹. 開幕曲

「世界宗教和諧日」宣言

今天，來自世界各地的精英、領袖齊聚一堂，
共同爲宗教和諧的新世紀來臨，歡欣鼓舞，
在這個特別的日子，讓我們用最眞誠的心，
共同向世界宣示：

為了完成對生命意義的明白，以及，
對生命價值的奉獻，
我們發現，宗教是人類心靈的源流；
真理，無法以言語敘說，
只有用，愛及真誠的行動，來實踐真理：
願以慈悲的心，祈求宗教衝突與戰爭的不義，
和平化解，人們得以免除殺戮的恐懼；
願以虔誠的心，祈求宗教愛與和平的真理，
光耀人間，人們的心靈得以滋潤飽滿；
願以至上的心，祈求全世界為這份至高理想
而獻身的人們，勇於堅持並團结一致。
願以世界宗教博物館實現的這一天，
祈求全世界的每一個宗教，
永遠和平相處、共存共榮，
並將十一月九日訂定為『世界宗教和諧日』，
祈願世人在往後的每一年，
共同慶祝這個深具意義的日子。

Declaration of "World Religious Harmony Day"

Today, the worldwide elites and leaders gather here to celebrate the new century of religious harmony.

On this special day, let' s declare ourselves to the world with the most sincerity:

In order to understand the meaning of life and the contribution to the value of life, we discover that religion is the origin of the human mind.

Truth is beyond description; there are only actions with love and sincerity to realize it.

We pray with hearts of mercy to have peace to resolve religious conflict and wars so that people will be free from fear of being killed.

We pray with hearts of faith to glorify the world with the truth of religious love and peace, so that people' s minds will be enriched and contented.

May we have greatest heart to pray for people all over the world who contributed to this highest ideal of being brave to assist and be unified.

May the religions in the world be peaceful and coexist when the day of the Museum of World Religions is established.

May we have the November 9th as the "World Religious Harmony Day" , to pray that people in the world will celebrate together on this meaningful day in the years to come

陳水扁總統 致賀詞

「宗教聯合國」在宗博

今天，能夠應邀前來參加世界宗教博物館的開館典禮，本人心中感到非常的榮幸。世界宗教博物館的誕生，是宗教界的大事，也是全人類文明的一件大事，而這件大事，落成在台灣，台灣同胞是非常有福報，也應該感到驕傲的。

世界宗教博物館創辦人、靈鷲山佛教基金會的心道法師，是我個人非常推崇與尊敬的修行者。我們試想，早在十年前，有一個人開始發願，要為世界的和平努力，他希望以宗教的力量在世界講述「愛與和平」，希望不同宗教、不同族群都能作到「尊重、包容、博愛」，他也以建造世界宗教博物館的具體行動，實際參與世界和平的工作。

對照於目前世界上因為誤解、仇視所引發的衝突、甚至戰爭，讓我們衷心佩服的是，心道法師的慈悲願力與真知灼見。雖然每個人不見得都有籌建博物館的能力，但是至少我們可以在日常生活中實行「尊重、包容、博愛」，我們所處的這個社會，就會更和善美好。

世界宗教博物館的內容不是為特定的人或宗教服務，而是屬於整個世界。一如它的起造過程，並不是來自於企業大規模財力的捐贈，而是由心道法師「一步一腳印、世界走透透」的去發心募款、由台灣許多同胞一點一滴的捐獻而成。這座博物館的誕生，讓來自於不同地方的人互相傳遞福報，它在台北縣永和市的出現，也是象徵台灣作為世界「和平之都」的開始，這是我們兩千三百萬人民的驕傲與榮耀。

在這個博物館裡，介紹了世界上的各個主要宗教，當然也包括了台灣的民間信仰，包括了所有傳達真善美的智慧，就像一座「宗教聯合國」。

與其說，世界宗教博物館是為了化解人們心中仇視與敵對所產生的衝突而成立的，阿扁更認為，在這些可貴的多元、多樣文化中，世界宗教博物館不僅比較了它們的相異之美，更在於找出它們的共同點，我們會發現，橋樑就在那裡，只是我們常常沒有看見。找到了相連通的橋樑，這些智慧的能量就能像海浪一般的流動，相互對話，相互學習，相互豐富，也就回歸到世界宗教博物館所標榜的「尊重每個信仰、包容每個族群、博愛每個生命」的精神。

我們相信，世界宗教博物館會為台灣、為世界帶來一種完整的宗教視野、心靈視野，阿扁更誠摯的邀請國人，徬徨無助或是有空沒事的時候，都可以來走走，把這裡當成一個心靈的家。最後，要再次感謝創辦人心道法師，點滴成河地實踐了「愛與和平」的理念，歡迎各國來的貴賓，和我們共同祝福台灣，祝福世界。

台北縣長蘇貞昌 致賀詞

與世界接軌的舞台

十一月九日是光榮的時刻，是台灣、全世界的光榮，同時也是台北縣的光榮，台北縣同感榮耀。

台北縣有三百六十萬的縣民，在台北縣內有鶯歌陶瓷博物館、九份金礦博物館，但像世界宗教博物館融合各大宗教的博物館，靠的是世界宗教博物館創辦人心道法師及信眾十年來的努力，才能成功，真是了不起。

世界宗教博物館座落在台北縣，心道法師的靈鷲山無生道場也在台北縣，心道法師真是獨具慧眼，全都選在台北縣，讓台北縣民感到驕傲與光榮。

世界宗教博物館十一月九日正式開幕，這是個開始，也希望這個舞台能與全世界接觸，讓台灣更耀眼，一起為世界和平努力。

前教育部長曾志朗 致賀詞

生命教育的啓蒙地

世界宗教博物館創辦人心道法師十年的意志完成事情的動力，令人敬佩，也是學生的典範。

談到生命教育，關係到人與自己、人與環境、人與天命等問題，雖然大家都有隱憂，也知道有些地方存在著衝突、對立，因意識型態的不同而產生災難，我想，惟有透過教育，才能根本解決問題。

世界宗教博物館座落在市郊之中，它除了是一座有形的博物館，還容納了全世界的歷史、文化、理念。世界宗教博物館下一個重要任務應是使多樣性、哲學性、文化性的有形博物館，變成每個人內心的博物館，因此，博物館就必須要有一些動力、將內化的世界宗教博物館走向全世界。

幾千年來，很多環境造成人的性格的改變，喜歡尋求外界的刺激，享樂主義盛行，但看下一代成長的過程中，沒有人給他們一個向善的誘因，教育應讓大家回到本源，而一顆向善的心，也是本來就有的東西。

希望每個人能為自己的和平、世界的和平多所努力。

國際佛光會中華總會會長吳伯雄 致賀詞

宗教包容精神的象徵

我與心道法師有著長期因緣，因為我們都是佛光山的弟子。

我對世界宗教博物館籌建的辛酸，只能用好事多磨來形容，但我相信每次碰到困難，都會有因緣，讓困難迎刃而解。在世界宗教博物館籌建過程中，我也曾為宗博館貢獻過，如參加義賣活動，我曾在義賣活動中獻歌，為宗博館募得二百五十萬新台幣。

台灣的困難、經濟的困難，只要大家的愛心不縮水，這塊土地就會充滿尊重、包容、博愛，依舊是人類的樂園。也希望台灣宗教興盛、包容的精神，能讓國際社會知道，也期盼美國911恐怖事件不再發生。

前總統府副秘書長簡又新 致賀詞

宗教奇蹟、文化奇蹟、心靈奇蹟

個人懷著無比的歡喜心，來到「世界宗教和諧日」和平祈福晚會會場，除了和各位一樣慶祝世界宗教博物館的誕生，也希望藉著凝聚十方善信共持信念，為人類、世界和諧的希望祈福。

首先，要對心道法師及十方信眾過去十年的奉獻，才得以成就世界上第一座的世界宗教博物館這偉大的志業，致上最崇高的敬意與最誠摯的心意。

在這座充滿人類靈性的博物館中，人們有不同文化跟世代的互動，潛移默化中傳遞人類「愛與和平」的真理。讓我們深深的體驗到其中兼容並蓄的尊重與包容是一個多麼偉大的境界跟目標。

地球上的各種宗教，能在世界宗教博物館中，互相輝映、和平共存，在互動的過程中，確實能激盪出各宗教間的手足之情，也能表現出人類一家的緣起。這種共存共榮的精神，能夠在台灣寶島實現，我們可以大聲地告訴世人：「這是一個宗教奇蹟、文化奇蹟，同時也是一個心靈奇蹟。」

台灣人民崇尚愛與和平的形象，經由靈鷲山心道法師及四眾弟子傳遞至全世界，正是一個最美好、最難能可貴的國民外交。心道法師的確是世界宗教和平的最佳使者，令人感佩與尊敬，而今天同聚在這個和平祈福晚會的所有來賓正是最佳的見證人。

新聞局長蘇正平 致賀詞

接引眾生的心靈殿堂

二個月前，美國911恐怖事件讓幾千位無辜者喪失生命，在世界同聲譴責同時，如何化解存在於宗教之間的文化衝突所產生的對立，是本世紀最嚴肅的課題。

偉大的宗教都強調普遍性，如基督教說「神愛世人」、佛教說「普度眾生」，但自有歷史以來，也因人類信仰而使衝突不斷，如十字軍東征，造成人類嚴重死傷、北愛爾蘭問題、中東地區也是世界和平的大隱憂，凡是以信仰為理由所引發的戰爭，都是給人類的訓示。

世界宗教博物館跨文化、跨種族，以揭示人類社會的理想「尊重、包容、和諧、溝通」為創館理念，很高興世界宗教博物館能在台灣誕生，這也顯示台灣是一個宗教自由的社會，是接引眾生的殿堂，希望觀眾藉由在看過世界宗教博物館之後所產生的心靈對話，能找到宗教的歸宿，也希望藉由宗教的洗滌來改善社會風氣。

國民黨主席連戰 致賀詞

散播愛心
與和平的種子

世界宗教博物館代表了中華民國同胞，以建造世界宗教博物館的實際行動，向全世界傳播「愛心與和平」的種子，向全世界宣揚「尊重每一個信仰、包容每一個族群、博愛每一個生命」的理念，這份從台灣走向世界的愛心網路，正是我們在新世紀的開始，贈送給全人類最美好的禮物。

十年來，靈鷲山護法會全體幹部、信眾默默付出，為了社會和諧、世界和平而努力，他們不畏艱難，用十年心血、十年歲月及十年的堅定信念，跟隨心道法師步伐，終於使這座獨一無二的「世界宗教博物館」在台灣誕生。這些促成宗博館誕生的無名英雄們，值得我們用掌聲，致上最高敬意。

中華民國正處在一個需要求新求變的時代，國內經濟不景氣，國外局勢也處於不穩定狀態中，世界宗教博物館的誕生，不啻為整個時代注入一股清流，讓人們心中的不安定感、不安全感和恐懼感有一個宣洩、寄託的場所，也讓人們心裡升起希望，重新燃起對未來的憧憬。世界宗教博物館在台灣出現，象徵台灣是一個有福報的地方，是一個福地。

今天，我們一起見證世界宗教博物館的誕生，這是我們的福氣，值得珍惜。宗博館是一項了不起的成就，是人類智慧力與慈悲心的極致表現，讓我們期待世界宗教博物館「尊重、包容、博愛」的精神，無遠弗屆流傳出去，「愛與和平」的理念散播到世界上每個角落。

環保音樂家馬修連恩 致賀詞

最美的聲音

世界宗教博物館館址周圍有山、有城市、它的本身就是一座環保的展覽館。

二年前，自己有機會到靈鷲山無生道場，與心道法師討論很多話題，在與師父對談中發現，宗教與環保有非常接近的部份，隨著世界宗教博物館的開幕，現在看到的不只是心道法師當時所描述的想法，而是看到了心道法師所創造的具體成果。

大自然承受了人類文明所帶給它的痛苦，世界宗教博物館將不同宗教結合起來，透過博物館告知人類，我們只是大自然的一部分，看到博物館，才知道十年來等待過程的聲音終於有了一個美好的成果，這是最美的聲音。

世界宗教博物館十一月九日開幕後，不只是一個階段的結束，而是一個全新的開始。美國911恐怖事件，讓人類看到世界黑暗的一個面向，「911」是可怕的，但「119」(註：世界宗教博物館開館日為11月9日)卻是人類的救贖。

世界宗教博物館董事王榮文 致賀詞

愛與和平的起點

自己在參觀過世界宗教博物館後覺得很感動。回想當初世界宗教博物館在籌備過程中，給自己的感覺就好像是一些烏合之眾在辦博物館，沒什麼效率，但這一種集體的力量顯現到最後，現在看起來卻是非常美好、專業的，令人期待。

心道法師籌建的博物館主要是在闡揚尊重、包容、博愛的精神，但這只是一個起點，還留下許多空間，希望有才幹的人再一起來發揚它。

就在美國911恐怖事件發生，讓世人產生焦慮之際，希望世人能視世界宗教博物館為一個起點，利用它，為大眾創造一個愛與和平的世界。

世界宗教博物館董事楊釗 致賀詞

因果布施

人類幾千年的歷史在某種方式上可用四個字來概括：「戰爭與和平」。幾千年來，人類期望避免戰爭、維護和平，怎樣才能實現這個期望呢？其中一條途徑就是互相尊重、包容。世界宗教博物館對這個問題上，就提供了很好的解決方法。世界宗教博物館所倡導的尊重、包容及博愛，可有效運用於每天工作生活中，在生活中避免戰爭及維護和平。盡管在生活及工作中有煩惱，我們如懂得尊重、包容及愛人，問題就可解決。

人人希望能有好的發展，希望身體健康、發財及得到名利，但如何才能實現這些美好願望呢？對這個問題的答案，我希望與大家重溫經驗之談，佛教提倡要得到就要付出，佛教的中心思想是「因果」，所以要得到就要布施。布施有三種，第一是「財施」，指錢財方面；第二是「法施」，指智慧方面；第三是「無畏施」，指用各種方法幫助他人，一如既往的布施，未來就可以成就名利、身體健康及家庭幸福。

對於世界宗教博物館的參與者、支持者來說，你們默默耕耘了十年，這是你們以金錢、智慧及力量的具體布施，相信你們的來世一定會得到回報。在此，我提議將你們的心血獻給整個世界及宇宙，我相信大會會支持你們所布施的「因」，你們也一定會得到應有的「果」，你們將會功能無量。

聯合國宗教和平高峰會議秘書長巴瓦．金 致賀詞

世界和平的推手

很高興看到世界宗教博物館能夠在一個這麼熱鬧的市區中心、一個很繁華的大馬路旁邊，可以讓來往的行人看到，然後立刻就走進來，非常方便。

我代表聯合國宗教和平會議謝謝主辦單位的邀請來台，在美國發生911恐佈事件之後，大家能在此聚首，共同推動世界和平，尤具意義。

心道法師近幾年來，在世界各地拜訪很多很多的宗教領袖，並藉由世界宗教博物館的開館，讓大家齊聚在此，希望未來心道法師能在世界各地建立更多的世界宗教博物館。

世界宗教博物館創辦人心道法師 致賀詞

世界和平
地球一家

世界宗教博物館終於在社會大眾的推動下順利開館，過去十年，我們秉持著「尊重、包容、博愛」的理念，宣揚宗教中「愛與和平」的理想，終於能夠紮根在台灣的土地上，並且對國際社會注入一股積極良性的光明能量。

世界宗教博物館所投射的，不只是一份精神文明的志業，也是台灣人民努力實踐「世界和平、地球一家」的理想實現。我深信，在這個時代中，宗博館必定有它重要的指標性意義，這份工作也不是一朝一夕、不是一人成就的事業，它必須持之以恆，並且廣為人知，才能產生影響力 。

世界宗教博物館的成立，所扮演的不是一個主導者，而是一個催生者的角色，在此我們要感謝各界對宗博館的支持，若不是大家無我無私的奉獻，這份理想是無法實現的。大家也就無緣在此看到宗教「真善美」的面貌。當然我們還應感謝政府在有關宗教工作方面的努力，推動「心靈改革」與「生命教育」的用心，使台灣宗教能在開放自由的環境中蓬勃發展，宗教教化的力量能延伸到每一個社會階層。

開館之後才是真正的出發，未來宗博館更重要的課題是如何堅持推動及落實「尊重、包容、博愛」的理念，我深深期許也希望，宗博館所扮演的啓發角色，能團結宗教向善的力量，因著時日的累積，更廣泛且更持續地發揮作用，直到人類文明進步「愛與和平」的那一天。

世界宗教博物館執行長了意法師 致賀詞

展現宗教的真、善、美

世界宗教博物館終於在十一月九日正式開館，回想十年的籌備歷程，實在很難在短時間內講出來。

國內外藝文界、博物館界學者專家都曾指導過世界宗教博物館，看著世界宗教博物館的展示內容，裡面都有大家的智慧影子，有些展示內容採用了學者專家的建議，有些意見則還未表現出來，希望以後大家能再繼續互助、互動。

提到宗博館的特色，它是將所有的宗教放在同一個空間，以宗教的共通點為展現方式，在愛與和平的基礎上，展現宗教的真、善、美。世界宗教博物館將傳統藝術與現代科技融合在一起，讓大眾體驗知識性的宗教。

世界宗教博物館期許自己，從今爾後，以宗教的理性教育與社會脈動一起前進。

啓動愛與和平的時代巨輪

在世人十年的引頸等待下，世界宗教博物館終於在2001年十一月九日正式開幕，面對這歷史性的一刻，包括陳水扁總統、總統府副秘書長簡又新、教育部長曾志朗、聯合國宗教和平會議秘書長巴瓦·金（Bawa Jain）等國內外貴賓，及來自三十四個國家一百八十多位藝文界、宗教界、學術界人士在世界宗教博物館開幕典禮上齊聚一堂，爲宗博館揭開序幕，共同期許一個跨越宗教、跨越衝突、充滿愛與和平的時代來臨。

世界宗教博物館是國內首座以世界宗教爲展示主題的專業博物館，其融合傳統藝術與現代科技，將各大宗教的傳統與文化做最大可能的呈現，世界宗教博物館更是全球第一座由平民百姓善資完成的博物館。

在開幕典禮上，世界宗教博物館創辦人心道法師表示，世界宗教博物館所投射的，不只是一份精神文明的志業，也是台灣人民所努力實踐的「世界和平、地球一家」理想的實

陳水扁總統在心道法師陪同下，參加宗博館開館典禮。

「宗博元年」在心道法師及貴賓們的剪綵下正式開啓。

現。心道法師也期勉指出，開館之後才是眞正的出發，希望宗博館所扮演的啓發角色，能團結宗教向善的力量，並因著時日的累積，更廣泛且持續地發揮作用，直到人類文明進步到愛與和平的那一天。

而陳水扁總統則在致詞時表示，世界宗教博物館讓來自不同地方的人互相傳遞福報，它在台北縣永和市的出現，象徵著台灣作爲世界「和平之都」的開始，這是台灣二千三百萬人民的驕傲與榮耀。陳水扁並表示，對照目前世界上因誤解、仇視所引發的衝突、甚至戰爭，讓人衷心佩服的是心道法師的慈悲願力與眞知灼見。雖然每個人不見得都有籌建博物館的能力，但至少我們可以在日常生活中實行「尊重、包容、博愛」，我們所處的這個社會就會更和善美好，相信世界宗教博物館將會爲台灣、爲世界帶來一種完整的宗教視野、心靈視野。

世界宗教博物館在陳水扁總統、心道法師、聯合國宗教和平會議秘書長巴瓦．金、台北縣長蘇貞昌、天主教台北總教區總主教狄剛等人的剪綵下，正式爲「宗博元年」揭開序幕。與會貴賓也隨即在導覽人員的引導下參觀博物館 。

來台參觀宗博館的貴賓們對於宗博館竟能在一個不太大的空間，將世界各大宗教完整的呈現出來，以及運用現代科技與多媒體技術，將宗教的傳統與文化做最大可能的呈現感到

國民黨主席連戰參加宗博館啓用獻供大典。

不可思議，也敬佩心道法師十年來的堅持，即使遭遇挫折仍然義無反顧，勇往直前，十年後成就了這番利益眾生的志業。

而在另一個現場，世界宗教博物館獻供大典也在九日下午二時準時開始，包括大陸中國佛教協會傳印法師、香港佛教會覺光法師、永惺法師及世界宗教博物館董事楊釗等人均上台致詞，表達祝賀之意。而國民黨主席連戰也親自蒞臨啓用獻供大典，連戰表示，對於自己身爲宗博館的榮譽董事，感到十分榮幸，大家可以在此一起見證世界宗教博物館的誕生，是我們的福氣，連戰也期許世界宗教博物館「尊重、包容、博愛」的精神，無遠弗屆的流傳出去，「愛與和平」的理念散播到世界上每一個角落。

隨後，在靈鷲山護法會信眾的協助下，心道法師與連戰主席手持二百五十公尺長的「哈達（代表歡迎、祝福之意）」，沿路從保生路走向世界宗教博物館的入口大廳，沿路從天而降的玫瑰花瓣和彩帶，吸引眾人的目光，在抵達宗博館門口時，兩人做出儀式性的手勢，並許下世界和平的願望，此時紅色與白色氣球冉冉升空，象徵著愛與和平理念的實現。

在宗博館開幕活動熱鬧進行之際，來自三十四個國家一百多位宗教界、學術界、藝文界及博物館界人士也同時聚集在圓山飯店召開「全球聖蹟維護國際會議」，共同爲挽救瀕臨危險及可能遭受褻瀆的宗教聖地古蹟貢獻心力。副總統呂秀蓮

飛舞塾「敦煌綺想」舞曲精彩表演。

心道法師帶領各宗教領袖宣讀「世界宗教和諧日宣言」。

在致詞時期許國人追求愛與和平，讓廿一世紀成為免於恐懼的世紀。整個會議分別就「博物館與文化聖蹟保存關係」、「宗教與文化聖蹟保存關係」、「博物館與世界宗教：新合作關係」等議題進行討論。在國際會議閉幕典禮上，與會人士也共同發表宣言，呼籲世人勇敢面對危害人類神聖精神的憎恨與暴力，一同來保存屬於全人類的文化資產。

在一連四天的開館系列活動中，九日晚間所舉行的「世界

宗教和諧日祈福大會」，在優劇場幽人神鼓所表演的「聽海之心」節目中展開，而最受到矚目的是，包括猶太教大祭司Awraham Soetendorp、印度教代表Saraswati、黎巴嫩東正教代表Tabakian、沙烏地阿拉伯回教代表Al Aifan、義大利天主教代表Mizzi、錫克教代表Manjet Singh、美國藏傳佛教仁波切Tinly、台灣道教代表張樫、日本神道教代表Mituhashi、印尼印度教女長老Oka等宗教領袖與心道法師一起上台念誦祈禱文，各以其宗教語言及祈福儀式爲眾生祈福，各宗教領袖並在心道法師的帶領下，正式發表「世界宗教和諧日」宣言，宣布將每年的十一月九日訂爲「世界宗教和諧日」，祈願世人在今後的每一年共同慶祝這個深具意義的日子。

而十日晚上的「愛與和平」晚宴中，則有音樂家馬修連恩、C大調室內樂團、達沙西詩舞團等精彩表演。整個開館系列活動在十一日靈鷲山無生道場舉辦的「閉幕茶禪」午宴畫下完美句點。心道法師特別在閉幕時致詞表示，生命的覺醒教育，在生活裡處處可見、時時可行，山上的自然環境和寬廣的大海虛空，護持著我們的信心，期許大家對世界和平相依相存的眞理，均能有所體驗，也希望我們的下一代能傳承這樣的使命。

「世界宗教和諧日祈福大會」、「愛與和平晚宴」精彩歌舞表演。

智慧的結晶

～奧若夫V.S心道法師V.S蘇利文

一位是虔誠的佛教徒，卻願意摒除宗教成見，長年致力於宗教交流事務，倡導「尊重每一個信仰、包容每一個族群、博愛每一個生命」的世界宗教博物館創辦人心道法師、一位是曾經擔任過神父，在十六年的神職生涯中遍訪世界各國，體驗不同種族文化與宗教息息相關之生命脈動的哈佛大學宗教研究中心主任蘇利文（Dr.Lawrence Sullivan）、而另一位則是在博物館規劃及展示設計界享譽盛名的當代展示設計師奧若夫（Ralph Appelbaum），令世人讚賞不已的美國浩劫博物館及自然歷史博物館化石館都是他的作品。三位在不同領域，各爲己身理念前進的大師，碰在一起，造就了世界宗教博物館。

在世界宗教博物館2001年十一月九日的一場開幕記者會上，三位大師從合作緣起、創館理念、展示設計等議題談起，有一場精彩的對話，與世人一同分享。

心道法師：台灣社會擁有包容各宗教、種族、文化的能力，得以讓世界宗教博物館「尊重、包容、博愛」的理念得以發展，而這種精神不但是人類文明進步的指標，亦是宗博館所代表的時代意義。宗博館具備了國際性、前瞻性、獨特性及啓發性，所謂國際性即指跨越國家、種族、文化、宗教的差距；前瞻性即指未來人類要達成愛與和平的使命；獨特性則指宗教共存共容的理想世界；而啓發性則指生命及靈性崛起的教育。

期盼所有曾經努力奉獻的人，能繼續推動這項任務—轉化衝突、消弭紛爭、創造福祉及和平。

三位大師造就了世界宗教博物館（左一為奧若夫Ralph Appelbaum、右一為蘇利文 Dr. Lawrence Sullivan）。

奧若夫（Ralph Appelbaum）：五年前與心道法師共同規劃世界宗教博物館，剛開始還未感受到此項任務的急迫性，只是覺得這是一個獨特的案子，但現在我的國家（註：美國）正在從事一項很大的挑戰，政府也認爲是必要性的，因爲紐約在9月11日這一天，數千人在二個小時內被「屠殺」了，實在令人震驚。爲何會有人運用宗教的力量從事如此殘暴的行爲？更令人無法容忍的是，其還認爲如此的行徑是爲讓和平來到世上。

世界宗教博物館提倡和平、博愛，未來將會有很多人來到世界宗教博物館，希望大家能尊重不同的宗教。

在美國911恐怖事件之前，地球是繁榮的，高科技的盛行改變了人類生活的狀態。三十年前，當人類首次從外太空看人類生存的地球，意外發現地球是一個藍色漂亮的星球，這個形象帶給人類新的感覺。科學家說，地球是經過很大的爆炸而形成的，太空學者也說我們是星球的產物，這種種說法代表我們是從同一個源體而來的，即便有各宗教、各種族。因此，人類應共享命運，相互牽連，一起創造歷史的新時刻。

世界宗教博物館可以提供不同種族、背景的人互相了解，共同推廣人類美的精神性本源，而世界宗教博物館的型態也是未來趨勢，就如同橋樑一般，將人類緊緊結合在一起。

蘇利文（Dr.Lawrence Sullivan）：世界宗教博物館是獨特的，目前世界上尚無相同性質的博物館。在二個月前美國發生911恐怖事件後，建立世界宗教博物館這個任務的急迫性更甚於以往，非常佩服心道法師的先見，人類對宗教的了解有其必要性，否則人類的無知，將會帶來衝突、暴力。

以宗教的觀點出發來看世界宗教博物館，它不只展示信仰文物，還包括日常生活的狀況等，世界宗教博物館是廣泛的，並可拿出來討論。從博物館的一端到另一端，會有不同的畫面與音樂，但整個曲調旋律卻是和諧的，參觀者可以從中去體會各宗教的獨特性與共通性。

世界宗教博物館館所創造出來的環境、空間，將可讓年輕一代回想、觀察他人，也同時反觀看自己是什麼屬性。博物館也代表了這個時代，是這個時代的產物。

右頁圖片說明／1.水幕牆 2.朝聖步道 3.金色大廳 4.宇宙創世廳 5.世界宗教展示大廳 6.華嚴世界 7.生命之旅廳

開館記者會實錄

時間：2001年11月9日

地點：世界宗教博物館宇宙創世廳

司儀：世界宗教博物館在未來將有一段歷程，勢將成爲催促世界和平的見證者，今天的記者會非常特別，從當初的創館理念一直到設計理念的落實，以及今天所看到的成果，都將在今天的記者會給大家一個說明。今天三位主角分別是靈鷲山創始人、世界宗教博物館創辦人心道法師、博物館設計師奧洛夫（Ralph Appelbaum）、以及哈佛大學宗教研究中心蘇利文博士（Dr.Lawrence Sullivan），他們在創館過程中，提了很多建議。

在戰亂時代，他在4歲的時候失去父母，在艱辛的生活中體驗到人生的無常，對生命也有了新的證物，也愈發覺得宗教對生命來說是一個非常重要的指引，到底他是在什麼情形之下，產生興建世界宗教博物館的理念？讓我們熱烈歡迎心道法師。

心道法師：各位記者朋友，各位國內外貴賓，今天難得的因緣，感謝各宗教大師、專家學者蒞臨，希望這份獻禮，爲我們社會、國家、世界帶來信心，注入新希望。

一個源起，顯示台灣社會包容宗教、種族、文化的能力，讓尊重、包容，博愛這個理念，成長爲一塊肥沃土壤，這種精神是人類文明進步的指標，亦是宗博館所象徵的時代意義，包括國際性－跨越國家、種族、文化、宗教的差距；前瞻性－未來人類要達成愛與和平的一個使命；獨特性－宗教共存共容的理想世界；啓發性－生命及靈性崛起的教育。

期盼所有曾經努力奉獻的人，能夠繼續推動這份任務—轉化衝突、消弭紛爭、創造福祉及和平。

司儀：謝謝心道法師給我們的指引，謝謝他爲我們創造這

開館記者會現場實景

個博物館。

奧若夫：很高興今天來到這邊，我要跟各位簡單報告關於博物館整個設計概念及過程。

五年以前，我們即與心道法師共同規劃世界宗教博物館，也就是尊重、包容、博愛三個中心思想及概念。剛開始，我們還感受不到這個任務的緊急性、急迫性在哪裡，但我的國家（註：美國），紐約市在二個小時之內，有那麼多人遭到殘殺，令人感到非常震驚。因此，我的國家現在正從事一項很大的挑戰，而且他們認爲這樣的挑戰是必須的。

我們一直在問，爲什麼會有人運用宗教與神的力量，從事這種殘暴行爲，到底宗教是爲了不能夠互相容忍，而產生暴力？還是要爲世界帶來和平？非常清楚地，世界宗教博物館是在和平、博愛及慈愛概念之上的。未來，一定會有很多人來拜訪博物館，大家可以共同聚在這邊，交換很好的理念，分享個人的想法，當然也可以互相尊重不同的宗教。

在美國911恐怖事件發生前，整個世界與人類所生活的地球是相當繁榮的，高科技大幅改變了我們的生活狀態。３０年前，人類第一次從外太空看我們的地球，意外發現整個地球是一個藍色、非常漂亮的星球，原來，從宇宙看人類生存的地球，就是這個樣子，而這個新的形象，給人類帶來了一個新感覺，那就是人類應該互相結合。

科學家說，地球是在１３０～１５０萬年以前，經過一次很大的爆炸所形成的，也就是我們現在的地球及其他宇宙各部分。有一個很有名的太空學者曾經說過“我們都是一個星球的產物”，這樣一個說法，代表我們都是從同一個圓體而來的，雖然有不同的宗教、種族、文化......，但在理論上，應該都是一個很大的家族。

根據這樣的理念，我們應該可以形成一個共同道德性的架構，在不斷擴充的宇宙或地球上，伴隨而來的應是道德性的力量才對，這樣才能對人類尊嚴有所尊重，這也就是世界宗教博物館的理念。人類共同分享命運，彼此互相牽扯，也因如此，我們可以共同創造歷史的新時刻。人類應利用這樣的架構，互相分享，就像博物館一樣，在這樣架構上，提供一個機會，讓不同種族、人類、與文化背景的人可以互相了解對方。

因此，以這種想法來推廣人類美好精神性的本質，特別像宗博館這樣類型的博物館，應該是未來的一個趨勢，就像一座橋樑，把人類結合在一起。我們可以看到博物館利用現代科技、多媒體、多向性的展出，提供不同參訪者不同的方法、不同的角度，來了解宗博館所要展出、表達的內容。

世界各地比較大的國家、社會至少包括２～３種不同種族以上，也都致力於種族融合，只有等到整個解決方法找到後，世界和平才會眞正實現。而宗博館當然也提供了一個大家可以在一起的橋樑、機會，提供台灣人民互相了解。

自由的意義是什麼？繁榮的意義又是什麼？我們怎麼找到眞理？罪惡的本質又是怎麼樣的？如果要說什麼時候是談論這些問題的最佳時段？現在就是最佳時刻。

未來，博物館還將規劃各種教育訓練課程，希望如同心道法師所說的，能夠推動尊重、包容、博愛的理念，或者說是沒有疆界的理念。

最後，我引用一句很有名的話，來形容我們生活的世界，即「這個地球、這個世界，不是你父母親給你的禮物，而是你向後代子孫借來使用的場所」，這個說法將可貼切地形容現在的狀況。

司儀：接下來我們請教蘇利文博士，他將爲我們說明如何將博物館的理念呈現出來，讓我們在參觀的過程中，能夠體驗奧若夫先生所要陳述的理念。

蘇利文：我來自哈佛。第一，這個博物館是非常獨特的，據我所知，世界其他各地，好像還沒有相同性質的博物館。第二個要說的，非常感激博物館邀請我來參加這個盛會，謝謝師父，當然還有了意法師及其他參與的同仁，他們非常辛苦、非常不容易。

第三，就是急迫性。在美國911恐怖事件發生後，建館任務即顯得格外急迫，必須要有這樣性質的博物館，增進大家對宗教的了解，我覺得心道法師有一個非常好的先見、一個前瞻性的遠景，提供一個想法給大家，更重要的，我們對其他宗教的了解更甚以往，和平越來越重要，否則，人類的無知將會帶來很多的衝突及暴力事件。

第四，就是宗教。以宗教觀念來講，宗博館有一個很宏觀的觀點，在這裡所展出的，不僅是宗教性的，如信仰佛陀或上帝的一些物件展，還展出包含日常生活的一些狀況，參觀者可以在此看到生活中的每一片段，各方面都因宗教的關係做了某種程度的轉化，比如說人們所穿的衣服、髮型和所帶的手飾、還有所採用的建築設計架構等......，此外，人們平常所參與的社會團體，也都脫離不了這種關係的組織團體，此外，我們所參加的各種慶典典禮，也都是這樣的屬性；而人類所呈現出來的藝術、文化，也都與此有關，也就是說，宗博館所包含的內容是非常廣泛的，包含宗教、生活。

因此，人類對宗教的一些問題，是可以拿出來討論的，雖然不見得每個問題都有辦法回答，但盡力而爲。有人常常會問，每個宗教的屬性本質是不是一樣？還是差異性很大？各位可以想想這樣的問題，答案應該是怎樣？

我們從博物館的一端慢慢走到另外一端，仔細去聆聽、去欣賞，過程中有很多不同的音樂、畫面.....等等，這都會讓你覺得自己從一個區轉到另一個區，比如說，伊斯蘭教信仰會要求做某種形式的禱告；基督教的禱告則又是另一種型態，此外，佛教的方式也不一樣。所以，從一區走到另一區，雖然音樂不太一樣，但整個曲調、旋律卻是互相和諧的。各位應該仔細去體會這一區有什麼獨特性？和其他區又有什麼共通性？

第五，我要講的是，一個反應、迴響、責任。師父當初很重要的想法就是希望創造一個環境、空間，讓人們尤其是年輕一代的人能夠有所迴響，有了這樣一個環境，我們就會不斷向外去看其他的人，同時也可以反觀內造自己，想想自己是怎麼樣的屬性，然後，盡量達到和平的境界。

第六，我要說的是時間。博物館其中一個理念就和時間有關，也就是說，博物館代表的是我們這個時代的屬性，可以看到人類在不同時間、不同時段所呈現出來的東西，在博物館內，每個空間都會帶給我們不同的時間經驗。舉例來講，我們現在坐的這個小小空間，就代表著一個開始，也就是一切神秘的起始點。

在「生命之旅廳」，會走過出生、成長、中年、老年、死亡，這是時間的階段，各位還可看到人類在不同的節慶、不同的季節是怎樣去慶祝的？又比如春、夏、秋、冬、新年等時間點，將這些綜合起來，就等於進入到人類整個生活時間點上面，這就是一個很完整的時間。

最後我要講的是「種子」。事實上，剛開始規劃博物館的時候，就是與種子的概念連在一起的。我們在佛書上看到有一句話是這麼形容的，我們可以嚐試把一個非常廣大的海洋，放到一個很小的範圍裡面，就是種子裡面，即便我們不能蓄意去縮小它或擴大它。也就是說，我們本來沒有辦法做到像種子這麼小的空間來展示我們今天所有的東西，可是我們已盡力而爲，這個空間雖不是那麼小，也不是那麼大，就是剛好符合剛剛的講法，不要刻意的縮小它或擴充它，這就是種子的概念。

現在我們在這裡種下第一顆種子，隨著時間發展，我們繼續以不同的型式、不同的物件，將它擴充或者發揚光大，這就是我們的想法，謝謝各位。

司儀：接下來的時間開放給媒體問問題。

記者：三位能一起合作，是怎樣的關係？

心道法師：實踐，把這個理念實踐規劃出來，大概就是我們的關係。在過程中，我們經常聚在一起，作理念上的互動。

奧洛夫：我覺得非常榮幸，也認爲這是獨特的案子，因爲世界各地還沒有這樣的案子存在，所以我們非常努力的促成這件事，也才有今天的博物館，簡單講，我們還是強調一個和平、包容、博愛的想法。

記者：據了解，當初整個募款基金，應該是六千六百萬美金，除了運用在興建宗博館之外，是不是還有別的想法，會在其他地方運用這個錢？

心道法師：博物館是不賺錢的，沒有一個館是賺錢的，最好的情況也只是打平而已，博物館主要是要對社會推廣生命教育用途的。再補充一點，未來所募得的錢，將全部用在教育推廣方面。

記者：博物館的文物是從哪裡來的？

心道法師：博物館展示的文物有的是世界各宗教捐贈的，也有自己物色的。

奧洛夫：未來，有很多在世界各地巡迴用的展品，可以運到台灣來展示，另外，展示大廳是一個開放式的空間，師父的想法是將來可以提供這樣的場所，舉辦各式各樣的活動、表演。

蘇利文：各位如果仔細看的話，有些展品是我們從世界其他很大的博物館借來的，比如說，在埃及展區，就有一些展品是從波士頓博物館借來的。

奧洛夫：我們可以去世界各地，借一些展品回來，這樣的互動很重要。

貳. 國際會議

副總統呂秀蓮 國際會議致詞

對話 溝通 大和解

靈鷲山的志業體世界宗教博物館在十一月九日終於開館了，這不只是台灣的大事，也是宗教界的大事，我個人十分期待它的出現，也非常推崇世界宗教博物館的主要精神「尊重、包容、博愛」，「尊重每一個信仰，包容每一個族群，博愛每一個生命」。

今天來參加由世界宗教博物館發起的開館系列活動—「全球聖蹟維護國際會議—宗教・博物館・世界和平」，這次會議邀請了百餘位專家學者參與討論，討論議題包括「博物館與文化聖蹟保存關係」、「宗教與文化聖蹟保存關係」、「博物館與世界宗教：新合作關係」等，這些議題的探討和宗教博物館的宗旨相互吻合，都是在於促進所有人種和宗教彼此間的敬重。

我們尊重每一傳統的珍貴遺產，以及各傳統皆視如珍寶的精神教誨，並希望它們與不同的文化和世代互動時，能夠更深入地了解這些無價的訓示，使觀眾在認識世界各主要宗教發展的過程中，將可從各宗教的藝術表現、文獻經典、音樂、宗教儀式和建築特色裡，拓展他們個人或文化的經驗。

世界宗教博物館的誕生，代表一個宗教新紀元的到來，也代表一個「宗教大和解」的時代來臨，讓各個宗教間有機會可以彼此對話、增進瞭解。世界上有許許多多的宗教，每個宗教都有自己的教義與精神，每個宗教也都有屬於自己的歷史和神話，同時也有自己的聖蹟和聖物。不同宗教間常常因為誤解或衝突，而將對方的文物或遺蹟破壞、甚至消滅。今天召開這個會議的目的便是希望大家可以坐下來好好溝通和研究，共同為保持宗教文物遺蹟而努力。

世界宗教博物館的誕生是人類一項了不起的創舉，世界宗教博物館的成立，正是心道師父的願力體現。創辦人心道法師是一個真正體悟佛陀修行之道的人，我們期許世界宗教博物館在未來可以擔負起維護不同宗教間和平共榮的任務，為世界和平盡一份力量。最後在這裡，我們希望世界宗教博物館可以圓滿順利，每個參加的民眾都可以充滿喜悅快樂之情，轉化衝突與矛盾，讓人心充滿愛與和平，世界更美好。

世界宗教博物館創辦人心道法師 致詞

堅持與實踐

今天，深深感謝各位先進，不辭辛勞遠赴來台參與會議，這是給「世界宗教博物館」開館最大的鼓勵。

宗博歷經十年開館，從夢想、計劃、籌備到呈現出來，我們希望引發更多人參與學習的興趣，提昇宗教間彼此對話交流、相互尊重的關係，實現愛與和平的世界理想。

「尊重每一個信仰、包容每一個族群、博愛每一個生命」是宗博館長期宣揚的理念，也是今天會議的核心議題，唯有不斷推展這樣的理念，人們才能深入反省歷史糾纏的困境，轉化各種衝突的惡性循環，拉近不同宗教、不同種族、不同文化的距離。

我們需要討論宗教如何扮演一個引導和平的角色，而非暴力仇恨的藉口，我們的目標是如何保存與維護珍貴的宗教精神遺產，免於一再被刻意破壞的下場，並了解愛與和平是宗教的共同點。

歡迎千禧年世界宗教高峰會議代表的參與，這次會議是促進宗教交流對話，達成有效聯繫的最好方式，謝謝我們的夥伴巴瓦·金和丁娜所作的努力，讓我感受到堅持理想的勇氣，與實踐理想的信心，我們期許自己有一份使命感，更感謝各個領域人士的指導協助，以及在場各位貢獻珍貴的經驗與智慧，今後，宗博館將推動「全球宗教聖蹟維護委員會」成立，促使宗教文化結晶得以保存，人類精神遺產得以源遠流傳。

是行動的時候了

「戰爭、環境惡化、宗教衝突和文化的冷漠，已對全球聖地造成威脅，任何宗教均無法避免此一危險，現在是行動的時候了。」─心道法師

長久以來，一直以「尊重每一個信仰、包容每一個族群、博愛每一個生命」爲創館宗旨的世界宗教博物館，面對珍貴文化及藝術遺產遭受破壞的情形，宗博館創辦人心道法師長年在國際社會上向各宗教領袖大聲疾呼重視人類文明遺產，並號召全球重要宗教、文化及政治領袖能起身投入搶救世界宗教古蹟的行動。而這項來自大修行者的號召，讓來自全球三十四個國家一百多位國內外宗教界、博物館界、學術界人士不遠千里，來台參加2001年十一月九日在圓山飯店所舉行的世界宗教博物館開館系列活動之「全球聖蹟維護國際會議─宗教・博物館・世界和平」，一同爲挽救瀕臨危險及可能遭受褻瀆的宗教聖地古蹟貢獻心力，並爲重建已受損毀的聖蹟而努力。

全球聖蹟維護國際會議在國家文化藝術基金會董事長暨交通大學人文社會學院院長陳其南主持下揭開序幕。副總統呂秀蓮特別到場致詞，呂秀蓮表示，「世界宗教博物館」的誕生正代表著一個『宗教大和解』時代的來臨，是一個「尊

副總統呂秀蓮親臨國際會議，肯定心道法師在維護聖蹟工作上所做的貢獻。

重、包容、博愛」精神的具體表現。呂秀蓮並指出，世界上有許許多多的宗教，每個宗教都有自己的聖物，也各自擁有獨特的歷史和神話、聖蹟，卻因爲彼此間的誤解或衝突，而導致文物或聖蹟的破壞甚至消滅，殊爲可惜，世界宗教博物館於開館系列活動舉辦這場國際會議是一件十分值得嘉許的事，希望以召開這個會議爲一個開始，大家共同爲保護宗教聖蹟而努力。

心道法師在致詞時除了對來自世界各地的嘉賓表示感謝之外，同時表示宗博館的理念爲「尊重每一個信仰、包容每一個族群、博愛每一個生命」，宗教要扮演的是一個引導和平的角色，拉近不同宗教、不同種族、不同文化間的距離，瞭解「愛與和平」是宗教的共通點，今後，宗博館將推動「全球宗教聖蹟維護委員會」成立，促使宗教文化結晶得以保存，宗教精神遺產得以源遠流傳。聯合國宗教和平會議秘書長巴瓦·金（Bawa Jain）則稱許心道法師是一位具有大智慧、大修行的大覺者，是一個眞正體悟佛陀修行之道的人，他期許世界宗教博物館在未來可以擔負起維護不同宗教間和平共榮

左圖／國際宗教與和平會議總裁（前排右二）Gedong Bagoes Oka與心道法師合影。
下圖／國際會議開會實景

國際會議各項議題，引發與會人士熱烈討論。

的任務，爲世界和平盡一份力量。

在二天的議程中，與會人士分別針對「博物館與文化聖蹟保存關係」、「宗教與文化聖蹟保存關係」、「博物館與世界宗教：新合作關係」等議題進行討論，場面十分熱絡。包括「世界紀念物基金會」副總裁史達布斯（John Stubbs）、台北藝術大學傳統藝術研究所所長江韶瑩、RAA設計公司總裁奧若夫（Ralph Appelbaum）、德州南美以美大學哈比托教授（Dr. Maria Habito）、法國羅浮學院院長旁那（Dr. Domminique Ponnau）、文化大學建築系副教授李朝朗、哈佛大學宗教研究中心主任蘇利文（Dr. Lawrence Sullivan）、前輔仁大學宗教研究所所長房志榮神父、美國紐華克博物館館長史衛尼（Mary Sue Sweeny Price）、國立自然科學博物館人類學組主任何傳坤等，都參與了各項議題的討論。

經過兩天議程的討論，與會人士在結論報告共同簽署了一份和平宣言，共同譴責破壞深具歷史價值及宗教意義聖蹟的行爲，並決定組成「全球宗教聖蹟維護委員會」，表達維護世界和平的決心。

和平宣言如是：

世界宗教聖蹟是人類智慧與文明光輝的見證。任何一個聖蹟的損毀都是企圖抹煞人類的過去、現在以及未來。並且，這種惡意的行爲是蓄意地想要分化我們的認知與摧毀精神上的支柱。

唯有透過以和平共存與聖蹟保護爲前提的對話與努力，我們才能保存這些屬於全人類的宗教聖蹟。

讓我們心手相連，勇敢面對這些危害人類神聖精神的憎恨與暴力。同時，讓我們一同打開維護全球宗教聖蹟的第一扇窗，來保存屬於全人類的文化資產。

我們共同支持的實質行動如下：

(1)公布已遭破壞或備受威脅之宗教聖蹟，並進一步探討一套新的方法，透過圖畫、照片、文字，來將這些聖蹟呈現給大眾。

(2)共同譴責破壞深具歷史價值及宗教意義的聖蹟之行爲，並廣泛的表達我們的關心。

(3)組成全球宗教聖蹟維護委員會，號召宗教界、文化界、政治界、企業界與學術界，共同參與聖蹟維護及重建工作。

(4)公布須重建的聖蹟，並透過國際宗教及文化界的支持，將聖蹟重建與宗教交流、教育、及受創心靈的修復工作連結在一起。

和平宣言

參加宗博館開館的貴賓們齊聚合影，留下歷史性鏡頭。

各大宗教領袖簽署和平宣言，表達維護全球聖蹟的決心。

全球聖蹟維護
國際會議實錄

時間：2001年11月9-10日

地點：台北圓山大飯店敦睦廳

11月9日議程：國際會議開幕典禮

心道法師宣佈會議開始

心道法師歡迎每位到場人士，並感謝大家撥出時間，參加這次重要的會議。他也感謝所有人對此志業的貢獻。

心道法師希望能夠找出如何停止聖蹟和聖物遭到毀滅的方法，以及如何對已被毀滅的遺蹟和遺物進行復原。

心道法師表示，必須找到新的方法保存文化和宗教的遺蹟。心道法師同時指出，爲了找到人間的和平、愛與幸福，各宗教彼此進行合作，是很重要的。

銘謝從聯合國教科文組織所收到的一份傳真。

傳眞的全文在會議中宣讀。

傳眞的收信人是聯合國宗教和平高峰會議祕書長巴瓦．金（Bawa Jain），信中提及巴瓦．金對保存全球聖蹟（特別是波士尼亞）的提案。

信中也對巴瓦．金在此事上的重要貢獻表達恭賀之意，並指出聯合國教科文組織致力於文化和宗教遺物的保護，以及促進各宗教與文化之間的對話。

信中對於無法按要求，將秘書長的錄影談話傳送到此次在台北舉行的會議會場，表示遺憾。信中指出，有鑑於全世界充斥著衝突的情勢，此次集合各宗教領袖以及博物館館長的做法，是値得感謝的。最後，傳眞預祝此次跨宗教對話的國際會議順利成功。

中華民國副總統呂秀蓮應邀致詞：

副總統呂秀蓮歡迎所有的人，並感謝有機會參與此次國際會議。

她代表世界宗教博物館感謝大家與會，並表示能招待大家，是台灣的榮幸。

對於這些保護宗教聖蹟的提案是由長年居住台灣的心道法師所提出，台灣特別感到榮幸。呂秀蓮表示，雖然世界有很多不同的宗教，但普世的愛與包容及追求和平，卻是共通的。

呂秀蓮在致詞時並質疑任何社會或民族怎麼會給某個人權力，任其摧毀其他民族的聖蹟。台灣這個島向來受到威脅，但從未放棄對人權以及和平的追求。她表示，宗教就像一台洗衣機，能洗淨我們的心靈，並顯示我們人生的道路，指引我們進入來生。

呂秀蓮提到紐約所發生的悲劇以及造成的毀滅，同時呼籲從政人士以及各界領導人應參與聖蹟的保存。她表示，所有形式的恐怖主義都是錯誤的，應該停止，而愛、智慧與包容就能用來達到這個目的。

聯合國宗教和平高峰會議祕書長

巴瓦・金（Bawa Jain）致詞：

巴瓦・金先請所有人靜默祈禱一分鐘。

巴瓦・金表示，紐約的毀滅影響了所有人，不只是住在紐約的人。他也提到橫掃台灣的颱風，以及它所造成的毀滅。

巴瓦・金認爲，人們在五十年後會回顧此時，並且問宗教領袖爲了阻止世界毀滅，做了什麼？因此，此次大會必須被視爲找到某些問題解答的機會。

他談到人們沒有明顯的理由可以摧毀聖蹟和宗教聖物，巴瓦・金並與與會人士分享了拜訪波士尼亞的經驗。巴瓦・金指出，那裡百分之九十九的崇拜場所都被摧毀，從事毀滅行動的經費高達數十億元，但卻沒有經費用來保存。

巴瓦・金提到心道法師的創舉對於聯合國2001年5月1日採用的決議案所造成的正面效果。他指出，這項決議案讓會議得到聯合國的授權，進行保存聖蹟的目的。

巴瓦．金表示，些許的努力是一個好的起點，並建議委員會應包括企業、文化、宗教及其它相關領域的成員。委員會應當注意的事包括：

-人們摧毀聖蹟的原因爲何？

-這些遺址的辨識。

-積極的措施可預防毀滅。

出席國際會議貴賓合影留念。

巴瓦・金最後感謝所有在場的人重視此事。

陳其南教授：

陳其南教授首先歡迎所有在場人士，並表示能在不穩定的局勢下見到這麼多人與會，特別好。他表示，光是他們來到台灣參加會議這件事，就是對台灣的祝福。

陳其南希望與會貴賓喜歡台灣的文化及社會，並記得尊重、包容、博愛的信息。

陳其南最後表示，這次會議達成的結論將對全世界造成影響，他支持此次會議的目標及方向。

11月10日議程

致詞及祝福：

心道法師宣佈全球聖蹟維護國際會議第二天議程開始

心道法師先以「早安」歡迎所有在場人士。

心道法師再度強調，會議需要探討聖蹟的保存，因爲這是當務之急。

心道法師接著說明他對波士尼亞聖蹟毀滅以及阿富汗佛像被毀事件的觀察。心道法師表示，這樣的行爲使他感到傷心，因爲那是有意的。希望政治及宗教領袖能攜手合作，找出保存聖蹟和重建受損聖蹟和遺蹟的方法。心道法師並提到波士尼亞350個以上的聖蹟遭到攻擊，更遑論波士尼亞戰爭中2000多個受到影響的機構了。

心道法師表示，會議應在這些暴力行爲發生之前，探討應付的方法，並且希望宗教能在保存這些聖蹟上扮演要角。心道法師最後表示：「讓我們彼此祝福，一起成長。」

世界紀念物基金會副總裁（WMF）John Stubbs：

John Stubbs感謝主辦單位邀請他與會。John Stubbs表示，WMF非常希望能成立一個國際委員會，負責神聖宗教遺址的保護工作。

John Stubbs表示，世界宗教博物館展示了各種宗教，以及聚集不同宗教領袖的適時性。他認爲，至少在一開始，應該強調保存已擁有某種歷史價値的宗教建築物。

他指出，即使要保存一個遺蹟似乎都不可能，但仍必須嚐試。這樣的努力可包括使用新開發的科技，以及已經用於科技領域的科技。

保存遺址的原因包括光榮、獻身、教育和政治。說明何者爲宗教性建築物，也是必需的。John Stubbs指出，宗教性建築在某種形式的信仰中，是有根據的，也是與人們有關的東西；再者，由於宗教性建築物具有裝飾性的結構，以及對細部的講究，很容易就被認出。所以，我們可以「在建築物中見到神」。

John Stubbs同時播放了有關不同遺址和埋葬地點的幻燈片。大多數的地點構成了「全球紀念建築物展望」計畫的一部份。此計畫由WMF執行，其中以淘汰的程序選出100座瀕臨最大危險的遺址。此計畫撥出了重建與保存的補助款。上榜的遺址當中，40%是宗教性的。

補助款的提撥標準很簡單：

1.遺址必須具有某種程度的重要性。

2.遺址必須是瀕臨喪失的危險。

3.提名者必須具有如何加以拯救的想法。

經由WMF的努力，許多遺址的復原工作已在進行，但John Stubbs也表示，阿富汗的情況是無法預防的。如何推測這種恐怖行爲，仍是未知的。

John Stubbs最後表示，此次會議的受益人將包括現在活著和以後來到世上的所有人。

台北藝術大學傳統藝術研究所所長江韶瑩：

江韶瑩教授大體說明了世界宗教博物館的角色非常廣泛。江韶瑩表示，世界宗教博物館希望能成爲學術界研究宗教各層面，特別是教育年輕人的資訊來源。他表示，如遺蹟、建築物等事物無法重建，但不管留下什麼，都能在未來的世代中加以保存。

江韶瑩表示，雖然我們祈求和平與容忍，但衝突卻在世界各地越演越烈。而全國性的災難也是相關地點及物體遭到摧毀的因素。雖然國家與宗教各有不同的遺址和意義，卻有其關連之處，因爲他們相信那裡是神所停留的地方，且該地方使天與人之間有了聯繫。

江韶瑩希望台灣能成爲一座基地，進行保存與保護這些遺址的創舉。他個人也認爲，宗教與國家之間進行對話，是合作達成此一目標的方法。

四位宗教代表致祈福詞

Sai Das Baba（印度教上師）：「主，請以慈悲垂聽我們的祈禱。」

Amrendra Muni（耆納教代表）：「美麗的花園有著許多不同的花朵。」

Ron Kronish（猶太教祭司）：「眞理是一個，而一切都是這眞理的顯現。」

Nicholas Zachariah（東正教大主教）：「當一個宗教自認為優於別的宗教，毀滅就開始了。」

祝福者致詞後，大會進行小組討論，共有四個小組，每一組由一位主席和數位小組人員帶領，每個主題則由二組成員參與討論，內容包括兩個主題。

議程——小組討論

每個議程都以主題討論為重心，由一位主席和小組帶領。

主題1：博物館與聖蹟之維護

主席：博物館設計師Ralph Appelbaum -

小組成員：

Awraham Soetendorp 猶太教祭司

Maria Habito 德州南美以美大學哈比托教授

Dominique Ponnau 法國羅浮學院院長、文化遺產保存委員會主席及文化遺產總保存員

John Stubbs 世界紀念物基金會副總裁

Yephrem Tabakian 黎巴嫩大主教

Senada Demirovic 波士尼亞摩斯達文化歷史暨自然遺產保護機構代表

針對維護聖蹟議題，與會人士發言踴躍，分享心得。

主席：Larry E. Sullivan 哈佛大學宗教研究中心主任

小組成員：

Sri Sri Rav Shankar 生活藝術基金會

Zachariah Mor Nicholovos 馬蘭卡拉大主教、北美敘利亞東正教大主教

Father Maximillan Mizzi 天主教神父、聖方濟宗教交流中心創辦人

何傳坤 國立自然科學博物館人類學組主任

討論展開：

各宗教的聖蹟屬於全人類。文化及宗教界的領袖必須找出辦法，在其相關領域當中，使人們對於此概念能有更多的了解。

討論主題的重點在於宗教、文化及政治的領袖如何更為密切地合作，以防止褻瀆。

博物館設計師 Ralph Appelbaum：

Appelbaum對於第一議程進行引言，並表示他只為討論設定基調，其餘時間將交給小組討論。

Appelbaum首先談到保護聖蹟的重要性。Applebaum表示，位於阿富汗的全球最大佛像遭到摧毀，這樣的行為，目的在於剝奪一種文化的正當性與和平。攻擊宗教及文化的紀念性建築物，以毀壞視覺性的象徵物，成為破壞的目標。所以，對此加以干預以保護聖蹟，就成了必要的事。有了現代武器與現代通訊的幫助，毀滅與恨就能傳到全球觀眾的眼中。毀壞這些建築物和遺址也是一種消除記憶，施加新記憶的方式。現在的問題是，各宗教如何能團結一體，加強表達心聲，運用更多力量，並被廣泛地聽見？

博物館如何更進一步地協助？其能夠協助的原因包括：

—它們能見度高，且可協助保護文物。

—它們具有傳送說服性信息的資源。

—它們能做為有心人舉行全球會議的地點。

一它們能成爲知識的來源。

爲了提出具有說服性的保存理由，必須將下列的問題正式化：「爲何需要維護保存？」

哈佛大學宗教研究中心主任 Larry E.Sullivan：

Sullivan做了簡短的演講，他說明了許多宗教都包含了毀滅物以作爲一個循環的結尾。有了這種毀滅，就有更新。

Sullivan表示，毀滅有時是因爲一個團體向某個來源要求神聖物體，結果卻摧毀了這個來源，這可能與想像阻礙了我們與上天之間的關係有關。要解開對於某樣事物的執著，需要下工夫。我們爲何需要保存，這個問題的答案必須要有說服力，以說明保存的渴望。有些團體可能認爲保存的需求，只是基於取得土地的偏好，刻意毀壞宗教遺物是令人頭痛的事。

所以，世界宗教博物館的開幕至少能允許某些文化象徵及差異的保存。目前任務在於保存宗教物體和建築物，這個目標很簡單，而博物館的開幕更能允許此目標的實現。

Sullivan表示，議程中的討論能回答他已向各位提出的問題，例如：

「我們爲何需要保存？」

「文化的原因爲何？」

「宗教的原因爲何？」

「我們如何能使他人認同此事的重要性？」

Sullivan並表示，希望能見到討論的結果，特別是有關紀念性建築物方面。

猶太教祭司 Awraham Soetendorp：

Soetendorp一開始先提到一則猶太的民間傳說，是有關兩個兄弟爲了土地而爭吵。他們問老師，誰有權擁有土地？老師將耳朵貼在地上聆聽，然後告訴這對兄弟，土地向他表示：「不是我屬於他們，而是他們屬於我。」

Soetendorp進一步指出，不是地方榮耀人，而是人榮耀地方。神並不需要我們的崇拜場所，但我們卻需要。神聖的場所有其目的，空間會分隔我們。我們以（心靈狀態及建築物狀態的）智慧、愛和心結合在一起。

Soetendorp並談到伊斯蘭教的古蘭經，他表示，古蘭經中指出：「救一個人，就是拯救全人類。殺一個人，就是殺害全人類。」，意即我們都是兄弟姊妹和一家人，我們來自同一塊土地，我們必須找出一個超越混亂的方法，並開始彼此尊重。

Soetendorp並懇請穆斯林與猶太人共同找出一個達成中東和平的方法。他表示，耶路撒冷的聖殿山應做爲一個和平的來源，而非絆腳石。

Soetendorp建議，博物館必須進行巡迴參訪，讓一群不同宗教的代表實際拜訪瀕臨危險的遺址，並在此進行祈禱和靜坐，如此可使全世界看見這個遺址，並使世人的注意力集中在此遺址上，然後，他們可以拜訪急需有人注意的遺址。對兒童教育的焦點也可遷移到不同地方，讓其一一體驗，並學習有關這些地方的事，也向這個地方學習，只要學會包容、尊重，就會產生愛，這個旅程絕不可停止。

Soetendorp表示，曾有人問馬丁路德金恩對於步行朝聖有何感想，他回答說：「我體會到我們能用腳祈禱。」

德州南美以美大學哈比托教授 Maria Habito：

Habito表示，她很榮幸能分享她對博物館在促進全球各宗教間了解與合作上所做的貢獻的感想。

Habito指出，她日前參加台北市一場紀念義大利耶穌會士利馬竇來華400週年紀念會，利馬竇成功地完成了前人曾經失敗的事情，成爲一位傑出的文化大使，同時受到中國皇帝的接待與信任，而在此之前，外國人要進入中國大內，可說是難以想像的事。而在現代，身爲宗教及文化大使的心道法師，就如同利馬竇一樣，心道法師對21世紀的獨特使命在於促進全世界宗教之間的了解、尊重與愛，以及保護神聖的遺蹟。

Habito並提及1999年在南非舉行的世界宗教會議，以及心道法師的演講。Habito表示，在那次會議中，心道法師指出宗教團體之間的許多衝突與戰爭，就是因爲缺乏對其它宗教的了解與認識所造成的，也因此導致對其他團體的不信任與排斥。而教育似乎是保存紀念性建築物、聖蹟與遺址的解決之道，世界宗教博物館和聖蹟委員會的成立，將是實現這些目標的具體步驟。

Habito表示，因爲環境惡化、民亂和戰爭，造成宗教遺址持續遭受毀滅。具有象徵性或文化價值的教堂、清眞寺、廟宇或建築物被拆除，已成爲定律。神聖的宗教遺址和宗教物品都是聖者的歷史性和永恆象徵，它們說明了人類實體和心靈存在的最初完整性。如果我們容許它們被毀滅，我們在這世界上就會越來越看不見聖者。因此，對於處於衝突的地點進行實情調查，已顯得非常重要。

Habito也提及美國發生911事件時，很多人都提了一個大問題：「他們爲何如此痛恨我們？」。Habito表示，世界宗教博物館的願景，就是人們都會問：「他們爲何如此愛我們？」。

法國羅浮學院院長 Dominique Ponnau：

Ponnau先簡單地說明他的法國背景和立場。

Ponnau說明了基督教在法國歷史上所扮演的重要角色，同時表示，伊斯蘭教、猶太教和佛教的影響至今無所不在。Ponnau表示，許多基督教的聖物都已被摧毀，在17世紀的基督教油畫當中，只有10%在毀滅後存留下來。

Ponnau認爲，宗教在今日社會中所扮演的角色，既有正面，也有負面。而在目前，世界宗教博物館的成立則是利多於弊。他認爲，博物館不只是收集我們所謂的神聖作品和遺物，也是超自然優越的容納場所，透過研究藝術品的起源，接受各種形式的美麗以及以資產方式使人享受的藝術形式，無論最初是否是我們文化的一部份，但對我們而言，是特別的，也是普遍的。

世界紀念物基金會副總裁 John Stubbs：

先前已發表演講的John Stubbs簡單地回顧了之前的演講，包括了規劃中的建築物視覺影像，有利於保存。建築物的保存與復原，可以不同的方式進行，包括戶口調查以及募款用於復原和引起政府的重視。

John Stubbs舉出西班牙一座修道院和波蘭一座清眞寺，其中全球紀念建築物展望計畫的介入與日俱增，而西班牙的修道院也出現在世界遺蹟的名單上，整個國家都將因此獲利。

John Stubbs同時簡短地討論了全球紀念建築物展望計畫用以分析情勢以及找出補救之道的方法。他表示，整個程序需要進行研討會，探討的內容應包括：

a.議題需加以處理

b.定義議題

c.討論議題

d.將結果與建言呈送評論小組和相關人士

基於下列原因，可以證明上述這個此方法是有效的：

1.以有禮貌的方式對於該做什麼，達成了共識。

2.文件做爲募款的工具。

3.文件也做爲通知政府重建計畫的工具。

4.節省了向任何相關人士重複解釋的時間。

John Stubbs最後表示，只要採取行動，就有可能，且達到成果。至少，設立保存的委員會，是正面的事，有異於恐怖主義和毀滅的行爲。

黎巴嫩大主教 Yephrem Tabakian：

Yephrem Tabakian表示，宗教是社會的主要力量。考量不同宗教間的對話，是很看好的一個步驟，且是重要而急迫的。宗教的見解就性質、範圍和使命而言，是神聖的。在神所居住和顯示自己的教堂中所進行的對話，能啓發人。

所有人必須保護不同的文化價値及傳統。信仰是內在渴望與企圖的表現，宗教遺址是心靈寶藏的具體呈現。宗教遺址建立並加強了全人類的靈性充足。愛、和解、正義與和平………讓我們聯合世界所有宗教，促進了解與信任。

波士尼亞摩斯達文化歷史暨自然遺產保護機構代表 Senada Demirovic：

Senada Demirovic先播放有關波士尼亞和所有宗教幾乎遭到毀滅的地點幻燈片。

Senada表示，雖然在幻燈片中，有一部份是以毀滅爲重點，但也顯現了在聯合國教科文組織協助下所實現的重建工作。

Senada認爲，波士尼亞的文化遺產屬於全世界，所以世人應當協助聖蹟和宗教建築的重建。她也表示，紀念建築的復原似乎對於該地區或區域的人有和解的作用。

Senada最後懇求大會協助在她的家鄉建立一所青年中心，以協助當地的復原計畫。目前該地只有老年人居住。

非洲迦納首位女酋長 Nana Apeadu：

「我注意到小組有三名婦女，眞是一大進步！」Nana玩笑式地展開她的發言。

Nana表示，在她的國家中，許多婦女是和平促進者。她並談到殖民主義如何將非洲人的認同剝奪掉，並對非洲人加以羞辱的看法。以及基督教對非洲本土宗教的影響，與她自己對這種情況改變他們對宗教看法的感想。

Nana表示，學校應教導本土宗教，使孩童能爲自己的非洲姓名、語言、文化和遺產感到驕傲。而令人擔心的是，缺少對於本土宗教有關聖蹟的尊敬，以及准許在這些遺址進行採石和碎石。

她呼籲對這些非洲本土宗教，以及基督教對它們影響，應有更深的了解。

13：00 進行午膳休息，大會約於15：00繼續。

主席：Larry E. Sullivan介紹下一位演講者

藝術與生活基金會代表 Sri Sri Ravi Shanker：

Sri Sri Ravi Shanker表示，他認爲萬物都是神聖的，但以人的生命最爲神聖。他表示，教育人們不同的宗教以及他們的價值觀，將有助於產生更多的包容與了解。神聖使心思沈靜與集中，如此有助於提昇生命的價值。

Sri Sri Ravi Shanker表示，他目睹了神聖的消退，特別是在今日的青年人當中。我們必須教導年輕人有關宗教與聖蹟在他們生命中所扮演的角色。Sri Sri Ravi Shanker說，他所要表達的重點在於，最神聖的是人的生命，比時間與地方更重要。如果我們能保存山和建築物，就應該記得保存人類的生命。

最後，Sri Sri Ravi Shanker表示，希望能見到更類似的交集---宗教活動。

北美敘利亞東正教大主教、馬蘭卡拉大主教 Zachariah Mor Nicholovos：

Zachariah表示，觀看這些遺址時，有些是神聖的，有些則較不神聖，這與個人的背景和重視程度而有所不同，但任何宗教都不得教導摧毀任何神聖的遺址。

Zachariah強調，重點在於要規定何者爲神聖，是很困難的，但如果我們將宇宙以一個整體看待，並視之爲神聖，我們在未來的世代就有東西能夠保存。

Zachariah最後建議，我們應當深入研究自己的宗教，並藉此找到自己屬於宇宙一部份的原因。

義大利神父Maximillan Mizzi：

他先以St Francis of Assis的話向與會者問候：「願主賜平安。」

「眞正神聖的是什麼？」，Maximillan Mizzi表示，眞正的神聖是：

-人與神會面的地方

-崇拜的地方

-人們對神說話並聆聽神的地方

-人們找到喜樂和靈性聯繫的地方

-人們找到指引並與神約會的地方

Maximillan Mizzi表示，沒有人有權摧毀這些地方，雖然他們毀滅的不是神，但這是反映神和祂的神聖的地方。他呼籲人們不要插手其它宗教的物體和聖蹟。每樣事物都是神聖的，我們觀察四週時，看到每樣東西都被汙染，包括人心。如果我們從家中開始教育，情況就會改善。

國立自然科學博物館人類學組主任 何傳坤：

何傳坤首先恭賀世界宗教博物館的開幕。

他將重點集中在自己專業上，並利用個案研究，解釋考古學家如何定義神聖的遺址。何傳坤利用台灣東部的一個聖蹟舉例指出，聖蹟的認定標準有四個：

1.它必須是注意的焦點。

2.必須有這個世界與下一個世界之間的界限。

3.必須有某種形式神明的存在。

4.必須有某種參與和獻祭的形式。

何傳坤並播放實際遺址的幻燈片，並說明該地爲何是聖蹟，但不願對於神聖宗教遺址的保存表示意見。

討論的前半部份就此結束。討論交給下一個議程的兩位主席，房志榮神父和Amei Wallach女士

主題2：博物館與世界宗教—創造新的合作關係

主席：房志榮神父（前輔仁大學宗教研究所所長）

小組成員：

M. Mittal 印度教領袖論壇創辦人

Ifet Mustafic 宗教間關係，波士尼亞回教社區教長指派代表

El Farid Hachem 黎巴嫩中東教會議會

主席：Amei Wallach（國際藝術評論協會主席）

小組成員：

Mary Sue Sweeny Price 美國紐澤西州紐華克博物館館長

Fred Hretz 聖蹟基金會代表

Hanne Strong 北美原住民神靈機構主席

討論展開：

印度教領袖論壇創辦人 M.Mittal：

M Mittal表示，他對主題並不了解，但或許他能爲大會帶來

新的見解。M Mittal向宗教的與會人士表示，大多數的企業人士對於保存遺蹟並不感興趣，這需要加以教育，並告知爲何這很重要。

M Mittal指出，宗教人士必須了解，企業人士是無知的，因爲他們本身並無興趣。他表示，如果企業界了解此事的重要性，他們可能會參與保護的過程，他將致力於建立企業界與宗教人士之間的橋樑。

波士尼亞回教社區教長指派代表 Ifet Mustafic

Ifet Mustafic描繪了波士尼亞回教社區的情況，並表示那是不同宗教如何共存的活博物館。波士尼亞是除了耶路撒冷以外，唯一能看見猶太會堂、清眞寺、天主教堂和東正教堂緊密相鄰的地方。這樣的一體與空間的共享，存在了數百年。但這一切在西元1992-1995年間，80%以上的聖蹟被毀損之後，全都改變了。自當時起，90%以上的可移動物品均已喪失，無法追回。Ifet Mustafic同時談到肯定式教育計畫的重要性，並認爲這是成功的唯一之道。Ifet Mustafic在結束時提出以下的建議。

1.請每個人協助定義「神聖」一字。
2.人人都應協助重建信心、信任、尊重，以及對所有宗教的肯定。
3.所有宗教均應獲得世界宗教博物館的公平對待。
4.應設立更多類似的博物館。
5.博物館應有諮詢的機構，使宗教不致遭到誤解。
6.以薩拉耶佛做爲不同宗教能攜手合作的榜樣。

黎巴嫩中東教會議會 El Farid Hachem

El Farid Hachem首先說明中東教會議會的角色，並表示那是該區域不同教會開會的場合。透過宗教間的對話，該組織扮演了處理該區域衝突的角色。談到耶路撒冷和中東的局勢，El Farid Hachem表示，宗教已被正面和負面地利用，人們會以宗教之名，找理由進行建設和毀滅。他希望不同的宗教能找出克服此問題的方法，尤其是在導致衝突、毀滅和戰爭的地方。

國際藝術評論協會主席 Amei Wallach

Wallach表示，她希望能輔助或帶領討論，使建設性的意見能夠提出。她接著立即介紹第一位演講者。

美國紐澤西州紐華克博物館館長 Mary Sue Sweeny Price：

Mary表示，希望世界宗教博物館能成爲解決現代主義與傳統主義之間，以及國際主義與孤立主義之間的摩擦和當前自殺性的關係。

Mary並以幻燈片展示紐華克博物館最近展出的物品（有關西藏藝術和宗教儀式和孟加拉人的日常食物和女性所執行的宗教奉獻）。Mary強調，今日的博物館應保存傳統奉獻式的藝術，並表示博物館應強調教育和對外接觸。

Mary談到「獻身」對於保存聖蹟所作的努力，是至關緊要的。她所要講的一個重點是，西班牙當地的基督徒和猶太人與穆斯林並肩生活了數世紀後，已習慣了這些工藝品，而且或多或少可以自行製作，這些工藝品的風格，也在當時的統治團體統治時期結束之後，都存留了下來。

聖蹟基金會（法律組織）代表 Fred Hretz：

由於Fred Hretz在會議中提出了報告，他建議該報告應加以研究，以了解不同的國家如何能在聖蹟保存的奮鬥當中，能從其它的相關領域中獲益。

Fred Hretz提及美國的個案研究，該項研究強調在聖蹟上互相反對的團體之間如何尋得共識，所應遵循的路線。Fred Hretz表示，當聖蹟本身的保護者並非擁有者，而擁有者卻對保護者沒有任何尊重時，問題就增加了。此時，「中立者」就能擔任調解者、見證人或輔助者的重要角色。中立者並非擁有者，亦非宗教團體，也非決策者，所以置身於問題之外，但中立者仍能主辦會議，協助對話。最重要的是，直接涉及衝突的各方能了解中立者所作的貢獻。

Fred Hretz指出，國際聖蹟基金會(SSIF)是一個非營利組織，負責促進聖蹟保護的認知。他談到了協商及尊重在一個開發中的聖蹟告終，但基金會仍給付了興建之前，大量考古工作的開銷。SSIF已找出一連串的策略，以克服這些衝突本身存在的挑戰。策略包括：

1.建立世俗團體領袖與相關宗教團體代表之間的聯繫管道。

2.在有關聖蹟的公開討論上，盡可能納入最多的參與者。

3.在決策過程中，與所有保管人溝通。

4.延後具有合理辯論餘地的聖蹟之毀滅。找出權力所在，並加以使用。

5.培養對於重視自己聖蹟爲大文化環境部份的人——他們不同於將聖蹟視爲對自己具有靈性重要性的人。

Fred Hretz表示，涉入有關聖蹟命運的高度情緒性衝突，並非易事，但有了參與者的榮譽感和不同的觀點，就能達到目的。他並表示，雖然大會的參與者認爲這是優先任務，但世界其餘的人可能並不認爲保護這些聖蹟是當務之急。

北美原住民神靈機構主席 Hanne Strong：

Hanne強調了人類正在毀滅地球的事實，除非加以改變，否則將會沒有聖蹟可以保存，或是沒有人來保存聖蹟。Hanne表示，我們所造成的所有汙染，如今都回到我們身上，地球正慢慢地拋棄我們，而輸家只會有一個。

國際會議展開分組討論議程。

Hanne表示，地球是一個完整的體系，且是神聖的，如果忽略了全球性的觀點，沒有任何重建計畫能成功。

Hanne呼籲世人：「繼續努力。」，她並請所有宗教團體獻出他們的智慧，以及協助年輕人的教育過程。Hanne表示，教育計畫需以提昇意識層次為重點，因為缺少了它，就沒有未來。

主席房志榮神父請大家發問。

不同的人士提出了下列的問題和建議。

以色列宗教交流協調會會長 Ron Kronish：

Ron Kronish邀請博物館前往以色列辦巡迴展。

提問：

他問Faird Al-Hachem，是否在他與穆斯林和基督徒對話中，能加入猶太教的參與者。而他也支持呼籲人類拯救地球，並結合宗教與環保主義的Hanna Strong。

建議：

1. 成立巡迴的世界宗教博物館，做為不同宗教間對話的方法。
2. 建議未來在這類的大會中，以小型的會議場次取代大型的場次。更多祈禱、靜坐和唱誦時間，應成為未來議程的一部份。

Farid Al-Hachem回答表示，目前有和猶太教的代表進行對話，但他們正在等待其它團體的主動。身為教會，他們無法採取主動，中東的局勢太複雜也太敏感。

北美與歐洲主教教區中心主教 Zacharias Mar Theophilus：

提問：

如果某個聖地，例如耶路撒冷，對數個宗教而言都是神聖的，緊張情勢也因此產生，應該如何解決這個問題？

建議：

在整個大會中，我們已聽到的答案是「愛與尊重」，但我們需要一套方案和計畫，以進一步採取行動。

我們需要確保會執行這些想法的方案，政治人物似乎不能終結宗教的衝突與戰爭，宗教領袖能在這方面與政治領袖攜手合作嗎？

Zacharias也建議，宗教應教育信徒對其它宗教的價值觀和原則。如此可預防因無知所造成的毀滅與恨。

希臘東正教大主教 Nicolae Cantareanu：

Nicolae Cantareanu做了以下的表示：「我們必須自問，誰正在毀滅聖蹟？」，然後他回答是宗教本身。我們並非是無辜的，因爲我們的宗教參與了這項毀滅，我們必須了解和改善自己的神學理論，我們必須深入了解自己的宗教，我們也必須對自己宗教的心理有更多的了解。

他並提出一個有趣的論點——當我們對自己的宗教信心不足時，我們就試圖摧毀其它宗教，以消除我們無法回答的問題。我們覺得受到威脅，因爲別人的宗教似乎有效，而我們的卻非如此。我們越確信自己的宗教，就越能包容。

主席在大會期間表示，在任何具體結果產生之前，1.行動和2.承諾顯然是重要的。

非洲原住民教會聯邦議會、靈性教會研究所

Ngada大主教：

我們處於一種兩難的狀況，因爲在基督教傳教士來到非洲之後，我們被迫放棄我們傳統的姓名、文化、我們的「異教」……，但我們卻留下一堆困惑。改信基督教的人在遇到困難時，仍會執行傳統的儀式。

例如，傳統宗教的執行者可能不會都在室內崇拜，也可能沒有特定的崇拜屋宇……，如果我們圍著一棵樹跳舞，而這棵樹被環保人士認定爲稀有或瀕臨絕種的物種，就能叫警察來把我們逮捕。如果傳統宗教的實行者與環保人士或動物權力運動人士意見不同時，該怎麼辦？這些問題的答案並不明確。

耆那教代表（美國）Naresh Jain：

他同意非洲53個國家中，在世界宗教博物館當中應有更多的代表。

建議：

Naresh Jain建議未來的世界宗教大會應有更多年輕人的參與。他表示，很高興見到年輕人在大會上工作，並希望能將這樣的經驗帶回美國。他也建議未來的會議能分成更小的組別。

他表示，沒有絕對的眞理，我們永遠都應聆聽他人的意見和他人的眞理。在此過程中，需要更多的包含性以及非宗教專業人士，如律師等的參與，像律師這樣的調解人能指導宗教界的議題。

猶太教祭司 Rabbi Soetendorp：

Rabbi Soetendorp表示，他鼓勵Farid Al-Hachem進行跨宗教的對話，並希望發展神學院學生之間的教育交流。他向Farid Al-Hachem表示，這些神學院學生應採取主動，且希望他們能會面。Rabbi Soetendorp表示，他同意演講者的看法，如果耶路撒冷能因爲此次會議而有一點和平，會是一件好事。他談到，目前有計畫讓穆斯林學生在猶太人的教育機構待更久的時間，以做爲邁向和平的對外聯繫方式。

台北藝術大學傳統藝術研究所所長江韶瑩：

江韶瑩教授回答了先前一位演講者有關非洲本土宗教在世界宗教博物館代表性的問題。他表示，事實上，心道法師分別於西元1993、1994及1996年訪問非洲，並與不同宗教團體會面，而世界宗教博物館也相當歡迎來自非洲的資料，很快地，世界宗教博物館即將永久展出有關17世紀迦納王國和該王國宗教與文化的內容。

Shirley Harmison女士：

Shirley Harmison表示，在她服務的公立學校當中，都會告訴學生見面要結交新朋友，所以在此大會中，她也請大家這麼做，與其它宗教或文化的人士交談，並達成共識，同時帶回到自己的社區。

Mrs.Singh 女士：

Singh表示，我們必須鼓勵宗教間的對話，強調教育並走向學校，同時鼓勵第三者擔任宗教間對話的調解者。

美國紐澤西州紐華克博物館長 Mary Sue Sweeny Price：

Mary Sue Sweeny Price表示，我們必須更了解他人的宗教，而博物館正能達到這個目的，世界宗教博物館是一個尊重所有宗教的世俗場所，應將參觀博物館，做爲一種教育工具，這可以成爲世界宗教博物館的額外角色。

敍利亞大主教 Zachariah Malankara：

Zachariah Malankara表示，我們找方法教育年輕人，但成人卻製造問題，眞正的解決之道在於教育成年人更甚於兒童，是成人將對宗教的忽視與歧視灌輸給小孩，所以我們必須盡最大可能利用網路等管道將資訊和知識宣導給公眾。

Zachariah Malankara認爲，我們應當讓政治人物專注於政治，而宗教領袖應當專注於宗教，如此將能使世界正常一些。

韓國佛教比丘：

這次大會之後，我們必須描繪我們的目標和未來的方向，然後加以執行。

他表示，多年來，由於阿富汗屬於穆斯林，使得該地區的佛像被當成目標，也因前去參觀佛像的人大都是西方人，所以對這些佛像的攻擊可說是針對西方的攻擊行爲，而該地區的人甚至不知道佛教是什麼？

與會人士：

這位發表者提出了某些有價值的論點，並表示：

我們必須在防止毀滅上扮演一定的角色。

我們必須參與受損聖蹟的重建。

教育必須構成過程的一部份。

雖然看法的涵蓋範圍很廣，但目標應有特定性，計畫也要明確。

房志榮神父：

房志榮神父以他認爲的三個要點歸納了以上的討論：

完整的視野是從自己傳統的限制中脫離。

教育不只對年輕人重要，宗教領袖本身也是教師，絕不可忘記自己身爲教師的角色。

聖蹟和神聖空間的意義爲何？它原本的意義是保存神聖物品的地方，但如今意義更廣泛許多……。

結論：

心道法師表示，會議的討論要點會被分析，並加以實行。許多建設性的想法也會被提出，並一一執行。

心道法師在大會進行時，曾指定宣言所授與的代表。此份宣言有四個在場人士都同意的要點：

1. 找出已被摧毀或瀕臨滅絕的聖蹟，並找出方法設立一個程序，透過圖畫、相片和文件將這些聖蹟歸檔，且使大家能取得。
2. 公開各別或集體譴責威脅聖蹟和宗教遺蹟的行動，並公開傳達我們的擔心與譴責。
3. 支持全球宗教聖蹟維護委員會的成立，結合宗教、文化、政治、
   商業及學術等領域的代表，參與聖蹟的保存、復原和重建。
4. 找出欲重建的聖蹟，並透過國際宗教和文化社區，重建宗教之間的對話，醫治和教育。

心道法師並承諾，待此次會議報告歸納整理後，就寄給每位參與者。

心道法師同時提及建立世界宗教青年機構的想法，並表示此機構將開放給全世界的年輕人。他並邀請所有的與會人士

利用博物館以及此次大會所散播出去的創舉。

此外，心道法師也承諾會照顧借給世界宗教博物館的遺物和物品，並感謝出借者的貢獻。他再度邀請大家隨時隨地提出想法。

千禧年世界和平高峰會副主席 Dena Merriam：

Dena指出，世界已經改變，沒有任何國家能再與外界隔絕，且沒有任何一個社群能單獨照顧自己的聖蹟和物品。她表示，我們都是這些聖蹟的照顧者，全世界必須團結，以保存聖蹟，並進行合作。我們必須擁抱多元化，惟有如此才能彼此尊重，並找到不相互摧毀聖蹟的原因。

最後，所有在場人士都被邀請簽署宣言，或上網站簽名。

大會結束

最終回

世界宗教博物館創辦人心道法師（茶禪午宴閉幕致詞）

和平友愛 利益社會

大家辛苦了！經過三天二夜台北的開館活動之後，今天是各位在台灣的最後一天，特別安排來山舉行閉幕茶會，除了讓大家放鬆，更分享大自然靈性的滋潤！

大家可以面對一望無際的太平洋，觀察山上簡單樸實的環境，相信它已傳達出宗博籌建過程的千言萬語！

十年前，我在這裡閉關與發願，只有幾位法師，在困難的生活環境中，共同發想了世界宗教博物館的計劃，當時，我們只是想要做一些對世界人類有幫助的事，就義無反顧去做了，當時說不上為什麼、怎麼做，就做到今天終於開館的局面。

這山上的自然環境和寬廣的大海虛空，護持著我們的信心，猶如我們對大眾、社會、國家，甚至世界的期許一樣，宣揚生命彼此「尊重、包容、博愛」的可貴，而生命的覺醒教育，在生活裡其實處處可見，時時可行。

我們感謝所有人、感謝這個天然環境的啓示，讓我們對於世界和平相依相存的真理，能有所體驗，我們希望下一代也能傳承這樣的使命，讓靈鷲山教團成為一個和平友愛、利益社會的團體。

最後致上無盡感謝，希望各位今天短暫一遊，能賓至如歸，也希望我們的友誼聯繫綿綿不斷，時時有相聚重逢的機會，共商利益世界人心的事業，讓和平早日呈現。

各宗教領袖在心道法師陪同下，瀏覽靈鷲山風光。

心靈之旅

俯視波光粼粼、一望無際的太平洋海岸，揚頭瞥見佇立在觀音道場內十二公尺高的多羅觀音，站立在觀海台上，格外顯得心曠神怡。2001年十一月十一日早上，來台參加世界宗教博物館開館典禮的一百多位國內外貴賓，特別前往靈鷲山無生道場，在山川海景的陪伴下，體驗自然與心身融爲一體的悠閑自在。

繼世界宗教博物館開幕剪綵、全球聖蹟維護國際會議、世界宗教和諧日祈福大會及愛與和平晚宴等開幕系列活動之後，世界宗教博物館十一日特別邀請所有參與開幕活動的貴賓前往台灣東北角最美麗的地標—靈鷲山無生道場。一早，貴賓的車隊即抵達無生道場的天眼門前，法師及義工們早已分列兩旁，鼓掌歡迎貴賓的到來，在廷威劇團雄壯威武的陣陣鼓聲中，貴賓們穿過象徵智慧的天眼門，跨進了佛國聖地，一顆安定的心已準備好進行一趟心靈淨土之旅。

映入貴賓眼簾的不是雕樑畫棟，也沒有金壁輝煌的大殿廟堂，只有清風迎面，氣勢浩瀚、渾然天成的山川景色，世界宗教博物館創辦人心道法師與身著不同宗教服飾的貴賓們恁意步行瀏覽靈鷲山風光，在沿路五百羅漢的石雕伴隨下，行經文殊廣場、觀音道場，繞行多羅觀音塔林、聖觀音塔林，貴賓們與心道法師時而談著宗教交流的經驗、時而談著己身對信仰的體認，在山川環抱下，宗教大師的智慧言語與爽朗笑聲不時流露著。

稍後，在迎賓義工的引導下，貴賓們來到玉佛殿，心道法師發表了簡短的歡迎詞，心道法師表示，靈鷲山上的自然環境與寬廣的大海虛空，護持著我們的信心，感謝所有人、天然環境的啓示，讓我們對世界和平相依相存的眞理，均能有所體驗，也希望下一代能傳承「尊重、包容、博愛」的使命。心道法師也期盼世界宗教博物館與貴賓們的友誼能綿綿不斷，時時有相聚重逢的機會，共商利益眾生的事業，讓和平早日呈現。

「閉幕茶禪」午宴隨即在藝人胡因夢與苗子傑中英文雙語主持下熱熱鬧鬧地展開。貴賓們或坐或站或憑欄而立，一邊欣賞著廷威劇團的「撼天雷鼓」以及「小獅子」、「雪域召喚」、「關係城堡」、「天女散花」等充滿民俗風情的舞蹈及原住民團體「飛魚雲豹」清亮的原住民歌曲，一邊遠眺太平洋。活動進行中，貴賓們不時露出開心的笑容，並對主辦單位的精心安排表示滿意與感謝。

在表演活動結束後，貴賓們被引導至臥佛殿品嚐知名的京兆尹精緻午餐與茶點，對於這一百八十位來自不同國家的貴賓而言，精緻美味的茶點不僅適口，獨特的中國風味，更令他們難忘。

午宴結束後，貴賓們雖然對靈鷲山無生道場的風光十分流連，但因離台行程安排已定，貴賓們只得依依不捨地朝停車場走去。一路上，他們不斷地回首與招手，並表示有機會一定會再回來。

隨著這一百八十位貴賓的離去，開館系列活動也進入了尾聲，雖然如此，世界宗教博物館的「心靈之旅」才正要開始......。

心道法師與貴賓們共享茶禪，體驗其中意境。

OPEN, Smile & GO！

宗博館開幕期間隨師行記

智庫隨師組

2001.11.08

菩薩道上

宗博館即將開幕！近來，除了館內設施日夜趕工外，山上的建築工事也一直在進行。每日往返間，師父都抽空親自探勘工地實況，隨緣跟工人問候家常；坐進車裡，除了一路靜心持咒，便是電話關懷、詢問僧俗弟子們志業與生活的近況。

今天，值宗博開館前夕，師父更親自去電，向諸山長老、國內政經代表延請邀約，還不忘指示弟子言行接應的儀節。平時身教所示現的，實即言教所開導的：菩薩道上，點點滴滴都是修行，沒有休息；而我們都得眼見，菩薩正因無求、自在故，雖是修行，不離休息。

「WELCOME！HAPPY！」

在信衆的歡迎掌聲下，心道法師步入愛與和平晚宴會場。

美國印地安代表James Wylee 著傳統服飾參與開館典禮，吸引眾人目光。

抵達圓山飯店少頃，十多位代表便一起共進午餐。圍坐一桌的人們，或有多年聯繫的故友，但多初次相見、甚或語言不通，從外表膚色、衣著來看，顯見種族、宗教、文化背景的差異；然而，正因心中對促進世界「愛與和平」的共識與渴望，讓大家聚在一起，初見時或靦腆，一溝通則坦誠歡喜之情溢於言表。師父身為主人，雖不諳英語，翻譯轉述之餘，不時直接以簡單的單字和動作，來招呼大家。世界宗教心靈的距離，從此拉近。

走進圓山大廳，許多宗教代表才剛抵達，彼此見面、把臂歡擁時，各宗教代表無不滿心歡喜地獻上致贈宗博的禮物；大家對難得參加這殊勝的宗教和平盛會，都歡欣無比，也對師父多年來為推動宗教對話，努力有成，深致賀忱。全場的嘉賓三五成群，隨即自然開始交流互動。

來訪的代表裡，頭戴印地安王子帽的代表James Wylee Larocque，最引宗博青年團志工們的注意，他不時忙著解說身上服飾的意涵、並合影留念；而環保音樂家馬修連恩此次不顧經紀公司對經費的要求，表明個人與師父的友誼全程出席而來，他總是用心傾聽、觀注沈浸在全場真誠交流的氛維與思緒中，還不時為宗青們和表演的樂團青年簽名、合影；上次宗博參訪波士尼亞認識的神父，早先獨立抱胸、笑眼環視，當走近師父一起合照後，猝然墊起腳尖、往師父頰上獻吻。宗教代表們誠摯交流、懇切分享的自然神態與深切用心，總令在場的攝影師們捕捉不及。

晚上迎賓晚宴，由丁松筠神父與寶祥師主持，輕鬆活潑地為來賓接風洗塵。大廳內各項表演陸續上場，長廊間則是本土的特產、小吃、或民間手藝，琳瑯滿目、目不暇給。種種宗教交流的情狀，有人或許見怪不怪；但從黎巴嫩來的天主教神父Yeprem Tabakian，卻深沈鄭重地感謝道：「來此所見的一切令人印象深刻！這是有生以來，第一次能見到人們彼此對所有宗教如此尊重！師父多年來所做的努力，令人崇敬！」確實，這世上還有許多地方自古充滿衝突與苦難！因此，我們不能不慶幸，「宗博館誕生在台灣，是非常特別的緣起！」

2001.11.09

OPEN！你我心中的金色聖殿

眾人懷胎催生十年的孩子，終於要誕生！上午，師父與世界各宗教代表進入永和宗博館。創辦人辦公室裡，師父還不及演練致詞稿，便又不斷歡迎接應抵達的嘉賓。因室內空間有限，僅能安排少數代表入座。

陳水扁總統抵達時，先由聯合國宗教和平會議秘書長Bawa Jain，向總統介紹在座的各國貴賓宗教代表，有三度提名諾貝

在心道法師及貴賓們的剪綵下，宗博館正式開幕。

歷經十年籌建，宗博館終於在世人期盼下隆重開館。

爾和平獎的義大利神父Maximilian Mizzi、門下兩億信徒的印度教代表Sri Sri Ravi Shankar、黎巴嫩主教Yeprem Tabakian、藏密仁波切、世界回教聯盟代表Abdul Rahman、哈佛大學宗教研究中心主任Lawrenece Sullivan、致力推動和平的鋼鐵大王等十餘人。稍後，師父請總統先行致辭。總統除代表全民歡迎外，也對師父多年來的努力表示推崇。師父致詞時，對各界貴賓不辭辛勞遠來赴會，深表感謝。

隨後，一行轉入宗博開館剪綵大廳。場內，人眾簇擁、鎂光閃動，師父、Bawa、國際佛光會中華總會會長吳伯雄、台北縣長蘇貞昌、陳總統等先後致詞，隨即剪綵；場外大街上，海外暨全省前來與會的上萬信眾，經由現場舞台大螢幕轉播，更是歡騰鼓舞、欣喜非常。這生命教育成長的場所與能量，本無疆界，是師父與全體善信、社會大眾歷經十年胼手胝足努力的成果，個個親身體驗、人人投注有分，如今眼見，怎不為之動容？

當大陸中國佛教協會傳印法師，手持趙樸初先生「佛」字墨寶，讚嘆師父發大心、成就利生大業時，只見師父仍深心默禱，無多言語；如同連日每見老弟子善信護法時，師父總先滿心歡喜地、跟大家祝賀：「恭喜你喔！恭喜你終於成功了！」，當滿天花雨灑下、氣球揚空，大眾歡聲雷動，倍覺普天同慶、法界蒙熏、萬類有情盡沾恩！師父時時繫念、迴向的，只是修行與創館的初心本誓－惟願大眾同入如來大誓海中，成就無上佛菩提。

生命長河 在此交匯

在眾人誠摯熱切的歡呼聲中，師父諧引週身的貴賓們，循著特長的金色哈達緩緩前進；眼見這金色哈達次第流經眾人的手，猶如生命長河中你我的責任與使命，無分貴賤、族類，不斷延展持續。眾人簇擁間，護法義工們呼喊：「讓給索仔過！」，在菩薩道上，師父眞正要帶領我們成就的世紀獻禮，便在於此「平等護念眾生、共同圓成慧命」罷！

一切看來「高高山頂立」的情勢，其實只是不斷「深深海

來自世界各大宗教領袖或團體，不遠千里，親臨宗博館致賀。

底行」的結果。如同耶穌本無求成於十字架、聖母亦無求於耶穌，只是全然的大愛；諸佛的萬德莊嚴，也是悲愍眾生苦、世世利群生自然所成。表面上看來，十年來的努力，是爲了推動世界宗教博物館的成立，實際上，它只是宇宙心念縮影所成的圖騰表相，唯藉著這鉅觀極弘深的理想，才能匯聚凝引大眾回到極微的原點，先看清楚明白，然後行爲所做，自能減除困擾與爭端。

這份理念，是一切心影的濃縮、一切生命智慧的精華，無所不包、又無所不在。就是先打開整個心量，全然接受、不離現象界本然的一切，但又要能安住在核心點，看著它的種種演化，猶如法界的萬花筒，被引動了多少裡面的元素，就會徵現出種種不同的形象。一切宗教所要帶領大眾的，都在於：由發現生命、認識眞理，而能接納供養一切；而這也是過去、現在、未來人們一切心結的癥結所在。

從古到今，所有追求生命眞理者，也正在於究竟如何貫徹、通透這點；但因所取的立足點、重心、角度、背景等不同，所行與展現各有差異，卻都是生命智慧心力的凝聚。我們的心量，因爲本身與這份理念的接觸與認同，就有機會不斷被翻轉知見、打開生命潛能；只是因個人念力的堅持度，能否達臻圓滿、通透、融結，而有體驗差別而已。

十年來，我們在教團裡看到：有多少人因這份理念”Touch”到自己的心，從這份感動的觸發，接引出心底本有的源源大愛；只因這份認同，從這樣微細心念的平衡點，到生活行爲、生命體驗的轉變；由這力量的牽引，互動到家人、朋友、職場的轉變。宗博館籌建時所勸募的100元，僅是打開彼此距離與愛心連結的鑰匙，藉著宗博，來融通地球一家裡的手足之情，串聯起整個生命共同體的大連線，這才是宗博館要帶給所有生命的眞正禮物。

「全球聖蹟維護國際會議」開幕

下午，回到圓山會議大廳，正值休息時間，眾人還是三兩成群研討分享；也見幾位宗教人士、文化代表，各自靜坐、獨立，眼光深邃精微、默然歡欣地環視全場，或振筆疾書。大家都樂意奉獻心力、用心思量－整合我們過去的作法及未

心道法師呼籲各界人士投入維護聖蹟行列，為保存人類歷史文明貢獻心力。

來眾人努力的動向，企圖找出切實解決之道。

各宗教代表們是這樣滿心歡喜、熱誠，每與師父招呼、問候時，都是衷心讚嘆與感謝。宗博館正是希望能彰顯出各宗教的異中之美，更希望能讓大家互相欣賞，從而發現異中的大同。當他們讚嘆難以想像：十年來，師父爲推動這樣一個具前瞻性、視野寬廣、影響深遠、卻架構龐大的人類夢想，能逐步成形、終究實現，所付出的努力與奉獻時，師父總還是歸溯到創館的本懷：「個人所能做的畢竟很有限！這只是個開始，眞正需要的還是未來大眾的共識、投注與合作！世界才有眞正的愛與和平。」

心華莊嚴　朵朵開

土耳其回教ZAMAN團體和杜安一行，從師父拜訪土耳其，並受邀到回教高中演講，幾年來，他們不但對世界宗教博物館的理念非常認同，更數度上山，與師父促膝長談、隨緣分享；還遠從該國派遣攝影隊來山專訪拍攝，並在台北講堂一起召開「宗教對人類與社會之影響」座談會，邀請在台各宗教代表一起研討分享。去年，世界回盟總會也曾致贈文物給宗博館，可說互動積極、眞誠難得。

美國911恐怖事件後，回教國家與世界人士的關係，也隨之緊繃。許久不見，一行人與師父並坐，仍能敞懷探討問題根源與解決之道，但其心情還是非常肅穆凝重的。「今天地球面對這麼多的問題，並不是宗教人士的問題，而是政治人士的利益衝突；但對我們宗教人士來說，最重要的就是要去解決這些問題。而我想，我們宗教人士可能還是做的不夠，所以問題才會產生。」Zaman新聞作家基金會副主席Semal Ussak語重心長的告白，正是他們一行共同的心聲。師父說：「人都在討生活，因爲要生存下去，所以才會有競爭、有衝突，有衝突就會有毀滅的動作。但是我們宗教的心靈力量最大，所以共同努力改變我們的思想、行爲，讓宗教一起團結來消除戰爭。」

翻譯代表杜安喟然長嘆，說：「秋天開的花，跟春天開的花，樣式越不一樣，顯得彼此越漂亮；但是如果很多的花互相鬥爭，就都不美了，也是非常愚昧的。」師父讚嘆說的好，也道：「反正，宗教就是相依相存。一個宗教獨大，他自己也會打自己。宗教就是一種彼此的協調性。所以我們還是互相成就地球家；有很多人不喜歡地球家，可是資訊、交通的發展下，本來就會演化成這樣。」

這般坦然直接的溝通、眞誠交心的體解，在今天的世界中，確實不易。若要常保持續，不至衍生戰火爭端，也是地球家中的每一份子共同的責任吧！

119－世界宗教和諧日

晚間，在世貿大樓舉行的「世界宗教和諧日祈福大會」

在各大宗教領袖的見證下，心道法師宣布將每年的十一月九日訂為「世界宗教和諧日」。

中，當所有與會代表入場時，獲得全場熱烈喝采；也是世界宗教代表來台後，首度接觸靈鷲山教團四眾弟子－這般活潑而開放的宗風。這正實現了師父早先所說：「要把台灣帶上世界舞台，把世界呈現給台灣」的諾言。

晚會中，各項藝術表演也都深具國際水準。其中，印度舞者的表演，更舞出了全場的精神。原來，這是舞團音樂總監早先來台參訪宗博後深受感動，回國後與編舞的先生一家連同全團舞者，共同特別爲宗博開館而全新編排、首度上演的印度舞劇。隨後，宗教代表們與師父所發表的和平宣言，更將全場帶入精神凝聚的高潮。大家無不衷心期待：這眞是世界走向和諧共榮的開始！

2001.11.10

全球聖蹟維護國際會議

上午，在圓山飯店會議廳內，「全球聖蹟維護國際會議」延續昨日下午議程，世界各宗教代表繼續共同研討各項議題。師父首先致詞揭示會議主題：「宗教聖蹟保護的問題複雜，面對這些挑戰，我們要深入討論：到底宗教如何扮演引導和平的角色，而非衝突的藉口。並讓大家了解『愛與和平』是世界永續生存的關鍵。」隨後，便由代表向大家專題報告

藝文茶會

世界聖蹟的現況。

藝文茶會 心靈饗宴

稍後，在宗博館特展區展開的藝文茶會，近百位文化教育人士參加，由作家蔡詩萍主持，天主教陸達誠神父、嚴任吉神父等也趕到。師父致詞時，除了感謝各界多年支持協助，「也希望未來能有更多專家人士共同參與推廣，讓這民間募款而成的社會公器，得以連結大眾心力資源，充分達成社會教化的效能。」，世界宗教博物館執行長了意師則籲請各專家協助找出宗博館的定位，「宗博最大的希望是：提供整個社會以信仰的力量，來圓滿生命教育的推廣實現，達成人類共同的展望。」

接著，新聞局局長蘇正平、教育部長曾志朗、出版界王榮文先生等也都上台致詞。其中，曾部長除推崇師父數十年為實踐理想所做的努力，值得大眾效法，也呼籲大家：「願各界藉著宗博館的成立，共同推動這樣的理念，能內化進每個人心中，並外化到每個生命的環境所在。這樣的開始，值得大家互相道喜、祝賀！」

環保音樂家馬修連恩：「兩年前初上山與師父會談，發現環保與宗教如此相近。而更驚異的是，師父的理念，正是我心中多年的夢想；而且十年來師父並不僅只描述理念，竟還能實際創造出這樣完整的生命教育展示空間體系...。」真誠殷重的醒覺謝忱間，似乎已經淬礪蘊含著生命行願的「心」種子，澄明映現。

綜觀當前世界的宗教現況，台灣社會宗教的多元化並存發展，也可說蔚為奇觀；而宗博館在整個台灣宗教界中，更是世界聯合國的縮影。這個廿一世紀的文化奇觀，生長在大家共同奉獻的寶島，土地上所有人士或多曾奉獻心力，乃能成就，而今便希望能反哺滋育整個大地的人民。師父與在場佳賓逐次歡喜問候、或簽名留念後，便轉回圓山飯店。

修行人的使命與本色

休息室中，坐著遠從布理亞特來的密教格魯派多傑喇嘛（95年師父初訪解體後的蘇聯時曾見面）；宗博館動土時，也

多傑喇嘛與心道法師相見歡

和數位喇嘛來台與會、回山小住，皆無緣多談。此次獨自來台參加宗博館開館活動，8日初與師父照面歡擁後，只見他從簡單的行囊中，掏出鑄有全球洲形的鍍金匾盤和貝加爾湖的茶葉，歡喜相贈。議程間，當舉座的宗教代表們陸續發言時，雖因言語不通，但見他沈穩堅毅靜心持咒，篤實純樸、和而不同的自然氣度，本然是實修者風範。

此時與師父會談，好不容易找來兩位輾轉翻譯。兩位行者並坐，似不需多言，已然相知。只見他不溫不火地說著：「師父就像他的兄弟一樣，但沒想到師父是這樣傑出的宗教領袖，讓他覺得非常驕傲。」，說著便談起佛法在布理亞特發展的現況，他希望能在當地重新復興佛教，施行的建設計畫也肯切分明。師父慨然讚許：「他要做的事情就是我要做的，不管在哪裡，就是幫助每一個人學佛。他做我做都一樣，都是要做，所以是他讓我有機會一起做。他有心做，就很難得。」當師父談到未來佛教大學的計畫時，翻譯轉達：「他說他可以來上課。」兩人頓時哈哈大笑，爽直自許的真實，直是佛門兄弟；不論面對高官走足、讚譽毀辱，只是一如。

不由憶起昨日光華雜誌總編輯王瑩採訪師父時，她曾讚嘆：「師父，努力十年，您爲什麼不像我想像那麼興奮？這就是修行嗎？」「我們只是做個引導、發起。宗教家沒有什麼興奮，只有事情要做好，該我做就要做好，這本來就是我們修行該走的路，沒有什麼起起伏伏的，每個宗教家都應該這麼做，不可以有滿足、不需驕傲。」師父說。

「傾聽　宇宙的心聲」

重回國際會議廳時，眾人正對現今各國宗教聖蹟的維護與世界政經問題的複雜，分別從各個角度切入研討、建言、分享，發言踴躍，陸續不絕。就在發言的聲音中、在用心的傾聽裡，正流洩交織著和諧寧謐的聖歌佛曲－那是所有生命敞開的心中，因著對世界「愛與和平」共同的冀望，不約而同共譜的無二樂章，也是神佛聖殿所以能隨處矗立於無形、又樣貌紛異的眞正所在。

傾聽。萬物內在的寂靜之聲。宇宙的心聲。在這場域中，清明的靈覺與坦誠的溝通裡，眾人一心，沒有衝突，沒有紛爭，只是共體時艱，更釐清確認出－宗教人的當代使命與所有宗教的眞正歸趣。

生命與時代　真理交會的時刻

會議終於圓滿，師父與聯合國宗教和平會議副主席Dena宣讀大會的決議與和平宣言，隨後，當籲請代表們共同在宣言上簽字時，全場所有代表紛紛趨前。

整個過程中，我們看到了、聽到了：耆那教代表Amrender Muni Ji當下眞誠流露地走來擁抱師父，他說：「師父做的太棒了，世界需要這樣的工作，您是非暴力跟和平的象徵。明年我們在紐約舉辦固定的國際活動時，不管在哪裡，你一定要來參加，我的關係很好，一定能找到你。」師父說：「我們只是起個頭而已。」「這個起頭非常重要！」笑語樂聲間，義大利老神父Maximilian Mizzi、波士尼亞少女Senada Demirovic、南非黑人牧師Ndumiso Ngada、印尼老祭司婆婆Gedong Bagoes Oka，個個宗教代表都陸續莊重寧謐地含笑提筆，一一鄭重用心地把自己的名字、宗教、國籍寫上去。諾大的白紙宣言上，是宗教無疆界的愛。

整個過程中，我們看到了、聽到了：印度教代表歡喜地將成疊的典籍、各式生命儀典法器，供養宗博生命之旅廳收

愛與和平晚宴

藏，並一一解說分明，以供教育展示之用；韓國代表才送來保護腸胃的茶禮，稍後師父便轉贈一旁胃弱的貝魯仁波切佛母；大陸代表團的法師、菩薩們，日前由法性師帶領，參訪過山上等處，今來與會，除讚嘆景觀、道風，也與師父相互贈禮道賀；慈心的白髮老教授Hans Guggenheim親手寫了首英文詩獻給師父，並將收藏的一支八世紀馬雅古碗送給博物館，法師在旁翻譯介紹：「他也在非洲設學校教小朋友。他說非常希望將來有機會，能跟師父一起合作教育偏遠地方的小朋友」。其實，眾位宗教人士或多眞實而靦腆，但當表達心意時，又是如此熱誠而懇切。

腦海中，不由浮現四月間，曾聽到大師兄轉述師父的法語：「生命記憶體中的因果業報，比起情報局、錄影機，更精準無差！」原來，菩薩盡在因地砥定無上道心－「眾生度盡，方証菩提」，一切因果的呈顯，都是消歸修行的養分，與未來法緣的資糧種子。

法界越量宮中 張張珠玉之網 「諸佛生日快樂！」

晚間，在台北圓山飯店頂樓大廳，佛門僧俗弟子共聚，海內外各界精英薈萃，世界各宗教代表雲集，「愛與和平晚宴」於此舉行。千人百桌，團簇圍坐，共聚一堂，這是大家共同的晚宴！我們都是主人！眼見多少男女老少溫暖和煦的笑靨綻放著，耳聞多少語言音聲輾轉傳送著，相互問候、彼此代

來自國際各國的歌舞音樂表演。

言、共同分享，了無利益權勢的貪染傷害；當下，眉目間的笑意、口耳間的言音－竟如當年靈山的捻花一笑！原來，生命本身就匯聚著無盡的生命能量，宇宙磁場重重充斥著愛與和平的共鳴，波波脈脈，不斷傳送串連。

因此整晚，印象最深刻的是，坐在那兒，雖然人眾這麼多，眼耳不斷映現舞台上國際各國的歌舞音樂，但心中當下那般的寧謐、安定與空曠，卻像獨個登上宇宙之頂，此刻屋頂若化空、衍成無邊的越量宮，心下直接頂承映現的，猶如世尊成道夜睹明星時所見的整個華嚴法界珠玉之網！

若無當初的太子捨欲出家、六年苦行、坐斷煩惱城的決心毅力，何來釋迦佛？若無當年師父在宜蘭的圓山武舉人廢墟中的苦行，今晚的圓山之夜爲何？經中的佛，是過去的金色鹿、捨身餵虎的小太子、四處求道的善財童子、外道勝熱婆羅門、婆須蜜多，人誰能知周邊眾生此刻的初心本願？此時彼時，此靈山彼靈山，此佛彼佛，無異當下在座的你我。即使是離座的五千比丘比丘尼，也是過去提婆達多、未來天王佛－在如幻法界無盡三世中的化身之一罷。

「菩薩道，跑不掉！功德照顧好！」

菩薩道以救苦爲資糧。晚會圓滿時，共同懷胎了十年，眾人等候已久，菩薩們無不歡天喜地爭著和師父拍照、邊喊著：「宗博生日快樂！」師父一個也不空過，一一把臂合影留念。好不容易走到門口，莊嚴的旗袍組師姐菩薩們早滿懷笑容、兩旁恭候。

站在前頭，師父對著這群一路追隨、廣結善緣的弟子們笑道：「宗博完成了，我們終於把博物館交給大家，我們沒有騙他們，對得起良心！但現在下去，良心更重要。（師眾皆笑）孩子活不下去，還是我們的責任。」「反正我們走這條菩薩道，跑也跑不掉！不做也很無聊，『沒做，怕剩！』（台語，不做可惜）做我們該做的，一天不做、一時不做就賺不到了；生生世世只要遇一次，我們就賺不完了。」「就是要把我們的生活照顧好，家庭照顧好、孩子照顧好，再來就是把我們的功德照顧好！所以我們還是繼續走菩薩道！現在開始換我們順了！」眾人夾道鼓掌歡呼間，師父邊招手、邊領航先走，隨後法師、護法、幹部也逐次在菩薩們的彼此護航下，穿過人群、走出大門。

「虛空無二，佛國本同」

回到山上，已近子夜，師父一下車，捧著晚會受供的花束，箭步直奔烏依麻賴尊者在山上的居處。待徒兒們拾著贈禮、行囊趕到，師父已掩門走下台階，笑道：「花一供養給尊者，尊者馬上就舉起來供養佛！」一路朗笑，邊順手拾起道旁徒兒剛卸下的行李行去。

幾個月來，兩位成就者在靈鷲山示現的種種，總令人不由深深體解－「虛空無二，佛國本同」的眞實義趣：五月尊者在緬甸，一見師父弟子王師兄，便嚷：「我們現在就走！」；來山後，一心將修行法門完整教授全山；見法師修道未成、宗博未完工，更延長留山數月，讓師父免除後顧之憂，更能全心投注宗博事宜；籌建過程中，也曾恭請尊者親自來灑淨加持。而師父平日除常遣弟子供養時鮮、請法教示，每次下山經過尊者門前，都精誠頂禮問安。

其實，10年來，在宗博籌建過程中，不只是靈鷲山教團僧俗弟子全心投入而已；從國內到海外，不知有多少人像尊者一樣，或直接投入、或間接贊助、乃至隱名支持、爲善不欲人知的各界人士，一起來共襄盛舉，才有今天宗博館的成立！從各宗教領袖人士不吝分享佈道經驗、博物館專家不斷

站在靈鷲山坡頂，所有宗教人士合掌朝海默禱，祈求世界和平。

參與研討指正、海內外收藏家的文物捐獻與專業技術指導、藝文單位人士的創意指導與文宣支持、宗博館基金會董事及各界顧問、其他宗教團體志工的跨刀協助合作等；整個觸及相關領域，極其廣大，從宗教、博物館、法律、財經、文宣、工程、展示...等。整個過程，簡直是整體社會乃至世界的同步運動！

開館後，師父還一直感念說：「實在受到太多的幫助了，如果沒有好好做，不知怎麼回饋才好」。

2001.11.11

華嚴海會

這一天，靈鷲山已等待多時！宗博嘉賓早上由台北出發，在宗青團義工群陪同下終於到來。 11點，師父與弟子們親自到天眼門迎接，雖然天寒，但下車的宗教人士，迅即被眼前的景觀所吸引，一路走到觀音道場，不時聽見由衷的讚嘆聲。所有代表就在金色多羅觀音像前，歡喜合影留念。

登上坡頂，週身山海如蓮無垠展開，兀立蓮心，只覺壯闊肅穆的悲懷，所有宗教人士不約而同合掌朝海默禱，聽列仁

上上圖／貴賓們在觀音道場前合影。上圖／貴賓們悠然享受著靈鷲山所安排的精彩節目。

波切當下便唱起藏頌偈，法界神佛儼然如空雲集！「萬物並非無言，最響亮的恰是寂靜。」大自然不言而化之教，正是一切生命教育的根源。

「九萬里風鵬正舉」Let's go！

眾代表們成行走到大殿，一路道旁的羅漢石雕，如常含笑靜觀，大殿廣場上茶道組的師姐菩薩們已忙了一上午，等著客來，好烹茶獻供。大殿廣場上，師父引請來賓們環繞就坐，在藝人胡因夢等主持下，表演節目陸續展開。舞獅隊擊鼓歡騰，舞者成群躍動，小菩薩們著緊身衣跳躍著，寒凍、歡喜又無畏的小鵬鳥，都意趣盎然。空中高旋的攝影臂也是山上首見，因此，連下環甘露軒外的空場，也可以連成一氣，轉場貫串表演。連大殿左側的昂揚的鷲首石，也是原住民歌者的舞台。

只見他兀立鷲首上，肅然面對太平洋，歌聲清亮越雲霄。師父說「宗博開館，我們的運也開了。」多年來，心住觀音大悲願，背恃文殊麒麟巖，端坐大鵬山脊上，經歷多少風雲霧色，般若雙翅的養成，心下太平洋即是本然的舞台，「心平，則世界地一切皆平」，不是嗎？

芥子納須彌 淨土廣無邊

狹長壁室間，掠見許多螢幕和人影，原來是攝影導播們正和外面各點的攝影師群連線取焦。他們一面專注地望著面前各個螢幕，一面以手機呼調轉鏡；只見每個不同的螢幕，連接外頭不同的攝影視角與眼界，卻都不離所立法界因緣的一隅，一旁的舞獅隊員們十多人也都看得入神了。

「能容納眾生多少習氣，便能成就多大果位」。要能讓這麼多眾生有機會匯聚一處，又能各有發展舞台、隨緣貢獻長才，如果沒有像文殊菩薩虛懷若谷的空性智慧和觀音菩薩的無緣大悲，如何成就長養眾生、圓滿福慧的無垠報土呢？

悲願閣中 宗教交心

因為還有後續作法與共識仍待確立，幾位宗教代表同在悲願閣裡等師父。多是初次來山，促膝長談，了意師等先向代表們介紹師父的修行歷程。師父到場，便接著話題講下：「其實我們追求眞理，就是用各種方法去看，看那個眞理在哪裡。所以在十年的過程，對自己的降溫，對食物、對自己生死的一種體驗，造成一個習慣，對人沒有太大的那種誘惑。因爲我們那段時間的努力、不斷對生死的探取，所以我們感到內心的開發－慈悲、奉獻、服務，所以很想做奉獻的事情。」齋飯送到，代表們合掌祝禱。

談論轉回正題，師父請他們就宗博館的展示教育協作等各方面，直言建議，「因爲，各宗教才是眞正的主角，我們只是提供教育空間，讓已信者得增廣，未信者得共識。」經過多日的眞誠交心，各代表都不吝慷慨賜教，共同討論分享。後因場外記者久待，師父抽身分別在客堂和小殿，接受英國BBC電台和美國CNN電台二位記者的採訪。

返回悲願閣時，已近傍晚，熟識經年的漢娜還是忍不住笑說：「師父，您那兩年，難道眞的沒隨手就地找點什麼吃嗎？」眾笑嘩然。末了，師父還是籲請大家繼續協助支持，一起來作這份對世界、時代有意義的工作。

我們都是一家人

當師父看見要送給各宗教代表的結緣品上，竟是佛像時，不免當下責怪弟子，但因時限，還是對大家說明上面的中文「同歸方寸」說：「這個給大家紀念。雖然我們人種、宗教、種族都不同，但心是同的！所以這一次我們大概是找尋一家人。」翻譯講完，大家解意頷首而笑。「我們對偶像其實是不太喜歡，可是它可以象徵一些事情。偶像不是眞理，但是他可以藉由這個達到眞理。」「從有形到無相。」漢娜已經很有默契了。

荷蘭猶太教大祭司Awraham Soetendorp滿心歡喜之餘，突發奇想，請師父摘下頂上的紅帽，自己也摘下猶太小黑帽戴上師父頭頂，師父也替他覆上紅帽，全場哈哈大笑。一群中年重逢的弟兄親人，不失赤子之心，兩兩歡擁拍照留念。

師父送客到天眼門搭車時，法師群與代表群彼此一一道別。我們都確知，宗博開館，是個開始，而非結束！

閉幕茶禪精彩活動集錦

肆. 生命的樂章

生命的樂章

因著性格、際遇、命運的不同，
或澎湃激情、或無風無浪，
每個人人生際遇總是如此截然不同，
人生就如同一個個音符所編織起來的生命樂章。
身處世界各地的宗教界、
學術界、藝文界、博物館界人士，
或因信仰生活不同、或因研究領域不同、
或因生長背景不同，走過漫漫歲月，
對生命的意義與價值也有著不同的體認與感受。
在2001年十一月
世界宗教博物館開館活動中，
來自世界各地的宗教界、學術界、
藝文界、博物館界人士也在世界宗教博物館
「宗教傳真站」內留下對生命的見證。

Sri Sri Ravi Shankar（靈修組織上師）

在生命中遇到困難時，有兩個方法可以幫助你克服，一是信仰，眞信會帶來所有良善的事，另一是沈思、冥想與調息。堅定的信仰將會幫助你克服所有的難題。

李亮（東正教神父）

我是東正教神父，我很榮幸來到宗博館。

神就是愛，神是三位一體的，爲什麼神是愛呢？神是三種存在的綜合體，神創造存在，了解神就是愛，對我們的人生相當重要，這是東正教的基本思想，也是我們想告訴其他宗教的人，去付出愛而不一定要擁有愛，要相信其他人是需要我們的，我們要與佛教徒、及其他宗教的朋友和平相處，各個宗教當中都有共同的相通點，我來到台灣，希望把愛的訊息與台灣的朋友分享。

Kenosi Emily Mofokeng
（南非原始基督宗教牧師）

我來自南非，假若每個國家都有一個世界宗教博物館，那會是多麼的美好啊！我們的國家相當幸運，沒有任何宗教上的衝突，心道法師所做的一切可說是神所給予最大的禮物，也是一個來自神的創舉，我很高興心道法師的夢想終於實現，我來此親眼見證所有的宗教可以和諧共處，無論來自何種宗教、何種地位，都能夠和諧相處，只要記住我們都是依據神的形象創造的，學習尊重他人，尊重他人的信仰是相當重要的，並應與所有被神創造的人爲友。

John Stubbs（世界紀念物基金會副總裁）

沒有任何比創建世界宗教博物館更偉大的理念了，尤其是在這個時機。

我住在紐約，在這個時候，世界彷彿變了（註：指美國911恐怖），我想世界宗教博物館的建立，在這個時候是最有必要的，也是最佳的時機、最佳的地點、最好的構想。我曾旅行遍及全世界，人們最有興趣的建築物就是有關宗教的建築物，所有宗教的文物、創造人、信仰等都是使這個世界更和平的貢獻者。

Zacharias Mar Theophilus（東正教主教）

由於神，我能夠聽、我能夠說、我能夠見、我能夠溝通，因爲有神帶領我，我可以向它禱告、我可以依靠它，我能夠在絕望時找到希望，我能夠體驗到它的力量。各宗教都是神所創造的孩子，所以應當互相尊重、包容。

Ndumiso Ngada（南非原始基督宗教大主教）

我來自南非，每當我遇見困難時，我總是求助於聖靈，因爲求助聖靈的喜樂，讓我克服了難題，當然我曾試著以己身的力量克服難題，但不幸的，我未能成功。我向神及聖靈闡開我的心門，只要我虔誠的禱告，我總依靠著它。

Nina lynn Meyerhof（美國地球兒童機構主席）

當我漫步於大自然當中，是我最愉悅的時刻。當我見到天空、飛鳥、樹木，我便開始了解人生的眞正意義，一切俗事變得渺小，而後逐漸消逝，我開始了解到，有些煩惱是自己產生的，當你愈看到事情的困難面，人生就變得愈複雜，但當你眞正深入內心了解後，你會發現人生是一股清流，你會看見所有事物之美，一切事物變得柔軟，煩惱的事都不見了，所以我能夠以輕鬆的方式處理問題。

Maximilian Mizzi（義大利聖方濟神父）

我相信大家在生活上都曾遭遇到問題，有的問題是生理的，有的是心理的，有些問題是自己個人的，有的是家庭的，有的是群眾的，有的是教會的，也有的是信仰的，但我們不可以被這些問題所擊敗。身爲基督徒的我，我相信與上帝的接觸可以解決我的問題，所以我相信解決問題的最好方法就是祈禱。

在迷惘的時候，我向上帝祈禱，請它幫忙，我曉得上帝愛我，我知道上帝了解我，上帝會原諒我的過失，我更相信「希望」是上帝所賜予的恩慧。舉例而言，死亡並不恐怖，因爲死亡不是結束，而是新生命的開始，當你絕望的時候，就是新希望的開始，因爲那可以讓你的生命出現新視野。有些人會自尋短見，是因爲他們看不到希望，所以請不要停止愛惜上帝、愛惜自己、愛惜生命，愛惜你的鄰居，不要停止向上帝祈禱，希望大家都能找到生命的永恆。

Hindun Fauziah（和平發展種族研究論壇代表）

我來自印尼，非常高興來到世界宗教博物館，與世界各地不同宗教的人見面，彼此了解、尊重、包容、珍惜，我們現在更明白我們是活在同一個世界裡面，也期盼這個世界是和平的。

Sankirtan Dasa（國際奎師那意識協會代表）

我在一次開車時發生車禍意外，回想當時還未準備接受死亡，腦筋一片空白，腦袋想的也不是宗教問題，只想到朋友、狗等零星的想法，我曾經看過一本宗教書籍，講的內容是說當人要離開身體的那一刻，想的都是超然、神聖的事物，而不是物質世界的事情，照理說，我是一個宗教人士，在靈魂離開身體的那一刻，想的應當是「奎師那」。但從那次事件起，我了解到死亡並不是一件簡單的事，自此，我開始研究很多關於哲學、宗教的書。我修行已有十五年的時間，我每天用唸珠唸「曼陀羅」來淨化我的意識，讓我的意識不會被其他的事情所干擾，因此，當下一次我的靈魂要離開身體的時候，我的意識將會非常清楚地想起「奎師那」。

Manjit Singh（錫克教領袖）

我願意與心道法師、世界宗教博物館的同仁一起合作，這是我的承諾，我願意傳達世界宗教博物館的理念。

Arvirder Singh（錫克教教徒）

我是一位來自英國倫敦的錫克教徒，我從那那克上師、一直到古賓信上師及聖典中學習到神的教誨，藉著他們，我學到愛及喜悅，這是我生命當中最充實的靈性知識，信仰中的愛是生命當中最重要的動力，從上師的教誨中，我已獲得無限的救贖。

James Wylee Larocque（北美印弟安代表）

我很高興來參與開幕盛會，在此我獻上一首歌。

西藏寧瑪派聽列仁波切

我是在西元二千年代表達賴喇嘛參加聯合國世界宗教領袖和平高峰會，並首次見到心道法師，很榮幸來到世界宗教博物館開館典禮，這次活動具有重大意義，因爲他向世界傳播和平的訊息。

Sadhvi Shilapiji（耆納教比丘尼）

我來自印度，我衷心賀喜世界宗教博物館開幕，對於能參加開館活動感到非常榮幸，相信宗博館可以帶來和平，且讓世人更理解不同的宗教。

當人們接觸到博物館時，他會聯想到高科技的社會，但實際上宗博館卻能令很多年輕人得到心靈上的啓發。人類有兩大能量，其一是內在潛能，其二是外在發展，現今的教育制度注重的是外在發展，但內在發展對完整人格也很重要。我們可以利用打坐及虔誠的心來喚醒內在的潛能。

Zinoviy Kogan（俄羅斯猶太宗教社區協會主席）

很高興與你們認識，也謝謝您們的好客，我很高興參與這個爲了世界和平所創設的博物館的開幕典禮，預祝所有的人都很順利。

Mary Mena Fernandez（美國神智學社主席）

我來自南美洲，居住在南美洲已有十九年，我要談的是如何面對問題，其中，一個方法是回到中心點，當我們能夠平衡的時候，我們就可以把焦點放在重要的問題上，我們可以給世界上的其他生命傳達訊息，我們每個人都很特殊，都能與人分享他的經驗，我們可以改變這個世界、改變我們的人生，包括我們的思想，我們要對我們所說的每一句話負責，那我們就可以爲下一代建立更美好的生活。愛是我們生存的元素，喜悅發自內心，助人是心靈的寫照，力量是我們的精神，我非常開心來參加宗博館開館及國際會議，且再度碰到我的朋友，我們將一起努力爲世界和平盡一份力。

連戰（國民黨主席）

我們在人生旅程中，有時因學業、有時因工作、家庭，都可能遭遇到困難、挑戰，但我們一定要有信心，要知道這個世界充滿了愛，還有很多人關心我們，我們絕對不是孤獨的，所以我們必須堅定自己的信心、努力面對很多挑戰與困難，這是所有青年朋友要思考的問題，宗教是一個非常大的力量，宗教給我們這種信心、愛心，它是人類彼此關懷的泉源。有量就有福，大家要發揮同情、關懷的心，讓我們大家都能勤耕這塊福田、福地。

戴金泉（藝術大學教授）

在文藝復興時代末期，歐洲義大利的佛羅倫斯曾聚集很多詩人、藝術家，成立一個同好會，這個同好會使歐洲音樂、美術、哲學得以發揚光大，今天心道法師創辦宗博館，最令人感動的是，它把所有宗教融在一起。我想套用泰格爾的一句話「同樣一朵蓮花開在別的城市，它有同樣的芬芳，只是換了一個名字」，我相信廿一世紀的文藝復興，是從台灣的世界宗教博物館出發到全世界。

賈馥茗（前師大教育研究所所長）

生命有它的生命性，也是很有意義的。從一個人生命的開始，最初我們太小不知道，但後來可以明白，一個生命的開始不是這麼簡單的事，因為在生命縕育的過程中，父母辛苦、培養我們、教導我們。而人的生命與其他動植物不同的是，人超越了其他動植物，是因人有天賦的優良特質，那就是我們有一個吸收知識的心靈，能夠知道、會知道，還會求知，在知道後，第一件是明白自己既然有了一個生命，就有了對自己本身、自己生命的責任，這也是一種天賦的義務，這種義務一則是要自愛，愛護自己，使自己不受傷害，同時也不傷害別人，因為大家都是生命體，都有生存的權力。其次，是我們的生命意義，不再只是保護自己，而是要把自己擴大，擴大到與其他的人、其他的生命，融合成一個整體，因為我們是生活在整個生命體之間的，包括其他的人、其他的物、以至於無生命的物，每個人對自己以外的生命都有責任。

總言，這個意義縕涵著人的精神，這個精神就是愛，這個愛不是盲目的愛、過度的愛，或是不足的愛，而是理性的愛，明白自己是一個人，在自己之外，還有別的人、別的物，大家必須和平共存，假如我們認為宇宙萬物是宇宙根源的話，那麼在此根源之下所生的萬物，都是併生而不悖的。人與人應和平相處，患難相助，從小到大，都應該認識生命的意義不只是吃飯睡覺，還要愛護自己，讓自己走向發展的道路，再發揮自己的才能，做對別人有益的事，如此才能看出我們生命的意義，這也正是人的價值。

Mathew Lien（環保音樂家）

這是我第一次蒞臨世界宗教博物館，我感覺到一股寧靜的歸屬感，尤其是在「生命之旅廳」的時候，我體驗到生命當中的不同階段，強烈的聲光效果，彷彿帶我進入了心靈深處，我一路走過大廳，在「特展區」停下，在那裡，我可以經由圓形的窗戶，眺望外面的山與城市，對我來說，歷經了所有的展示區，在這個可以眺望山與城市的地方停駐，是令我印象最深刻的。

因爲它讓我思考到我們如何與他人相處，密集的建築物與周圍環繞群山的關係，人類如何與地球和諧共處，我想這個地方也是在參觀過所有的展區後，最佳的沈思地點。

三年前，我與心道法師首次談及世界宗教博物館，我與心道法師的共同感覺是宗教人士與有環保意識的人，其實都擁有共同的心靈，當我們深入思考時，就會發現有信仰的人與致力於環保的人，他們都擁有共同的價值觀，及和平、熱情、愛、尊重、包容。我希望人們可以來此體驗不同的宗教文化，及了解人們如何因此而相連結，並進一步的了解生命。我們每個人都是地球環境的一部分，你也可以試著站在那窗口，思考著如何創造與所有人類及世界更美好的關係 。

陸達誠（輔仁大學宗教系教授）

在我十八歲時，決定要終身貢獻，至今我已六十六歲了，在生活中有痛苦、也有快樂，不過，在內心深處，我找到了眞理，找到了天主的愛，長久以來，我的看法是，宗教與宗教是兄姐，大家有好的機會，可以相互認識、相互交流，宗博館不只是文字，還有圖片、文物，讓參觀者能將心中主觀的看法慢慢放開，特別看到信其他宗教的人，其道德，心靈改變的好處，愈來愈充滿積極的心，願意與別人來往，合作，願意更了解他，當把自己的信仰講給別人聽時，不會那麼絕對，我有自己的信仰，可是我更願意了解別人，是什麼因素，使他成爲這麼好的其他教的教友，彼此有交談的意願。各宗教不應只是在外面包容，還要在心靈裡包容它、接受它，同時喜歡作各宗教的朋友。

李泰祥（音樂家）

生命應該自由自在、隨時隨地自然的發展，就像春天一到，萬物發芽，隨著生命的傳播，整個世界都帶來生機，自然地追求它的利益所在。人生下來就應追求自己生命意義的所在，把自己的潛力善盡發揮出來，得到個人成就，再進一步，有了個人成就，就要關愛別人，如能做到這一點，他的生命除了個人成就外，就能夠更發揮、更有意義，如此生命才會完滿，就像春天來了，冬天也會到，生命總會枯萎，這是生命自然現象，我們要好好體驗生命的一切，有高潮、有光明，有暗淡，我們要勇敢去迎接我們所面臨的宇宙現象。

王秀杞（石頭藝術家）

我是一位石雕藝術家，石頭就是我的生命，我在石頭上表現我的生命與心靈的話，石頭就是我所有的一切，就如同宗教一樣，我把所要表現的雕塑在石頭上，就像修行一樣，很多修行與石頭雕塑藝術一樣，雕塑藝術本身它是一個技巧加思想，技巧可透過隨喜，思想就要去修行，而修行則與宗教中心思想一樣，要與心靈結合，宗教講究心靈純淨的提昇，所以我把心靈上的東西表現出來，就是我們宗教裡面心的表現，因此我與宗博館可以說是很密切的。心道師父所講的博愛、尊重，就是把宗教的心靈與人類藝術家的心靈融合在一起，讓它變成一個藝術品，提昇人類的心靈，讓人類更能安和樂業，世界和平，這是我們對宗教的信仰，和我對宗博館的期許。

Bernice Murphy（ICOM國際博物館年會澳洲代表）

我很榮幸能參與世界宗教博物館的開幕，尤其是強調各宗教與文化相互了解的世界宗教博物館。

我一直致力於推動不同傳統、不同社團、不同信仰之間的相互了解，如果我們能夠認同並了解其他族群的文化，藉由了解產生包容、保護感、生命，並且勇於承認自己所不了解的。博物館最佳的作用是它能不斷地敞開大門迎接不同的文化、不同的生活，尊重不同的文化傳統，而這也等於是尊重全人類。同時，博物館也是保存人類歷史、生活方式的文化力量，我們有責任記錄、保存今後所有的人類歷史文化。

Senada Demirovic（保護自然與歷史遺址協會代表）

我來自波西尼亞，是一名建築師，目前擔任文物古蹟修護工作。

在我十七歲時，我的國家發生戰爭，那時我常看到人們死亡，當時我覺得自己與死亡是非常接近的，而這樣的經驗讓我更容易思考靈性的問題，也讓我走向宗教的道路，而我的父母親在靈修方面也給我很多的幫助。

我在父母身上學習到宗教方面很好的一面，他們希望我能過著像他們一樣的生活，我很高興能跟隨這樣的傳統。當我回顧這十年來的生活，我覺得對我的成長進步很多，我可以給年青人一個榜樣，因爲現在有很多年青人很沮喪，像我這樣在惡劣環境中掙扎過來的人，可以給同樣處在惡劣環境的年青人一種鼓勵。

我現在要做的工作，是幫助我所居住的人能以更寬容的想法來面對很多事情，以及學習如何尊重，因爲尊重別人，自己才能得到尊重。你若有開放的學習與教育，就會有寬廣的心身，如果你沒有這樣的機會，你就要從內在去探索，那就會看到每個人都有共同的靈性。上帝讓我在此情況下引導我，讓我認識每個人都有共同的靈性。

Douglas Sharon（聖地牙哥人類博物館）

爲什麼我會對人類學著迷，那是因爲這是有關人的知識，可以透過對人類文化的了解來認識人，因爲文化是一種溝通的方式，經由此可與世界其他的人們接觸。

聖地牙哥博物館有二大展示主題，一是闡述人類在生理上都是一樣的，另一個即在探索美國西部及古馬雅文化。我最喜歡宗博館的一點就是宗博館以各宗教爲展示主題，在其展示主題中也包括了馬雅文化，希望未來雙方能在該主題上有合作的機會。談到馬雅文化，雖然現在馬雅人信仰天主教，但馬雅文化還是融入其宗教信仰中，雖然我們有不同種族、文化、儀式，但大家的共同點是我們都是人類。

Maureen Chen（皇道瑜珈香港中心主任）

我是澳洲人，我住在香港已廿年，我目前在Brahma Kumaris Raja Yoga Centre Hong Kong靈修中心學習，該中心所教授的都是一些靈修方法，我在此學習「自己的靈性是什麼？」，我學習到我的靈性就是一種能量、一種光明，人類的靈性本質就是快樂、愛、喜悅與信任。

在學習過程中，學習信任對我來講是一項挑戰，當很多人問到關於「相信」的主題時，一般的反應就是說「我就是不相信」；也有人說「就讓我過靈性的生活吧！」，事實上，以我的觀點而言，人本來就是靈性的動物，人本來就是過著靈性的生活，而我所努力的目標就是要把愛、和平、喜悅活出來，人類活著必須要有明確的目標，有人會問我爲什麼要過這樣的生活？我的回答是「我找不到理由不去過這樣的靈修生活」，我現在也選擇了這條路。

伍. 附錄篇

「萬物並非無言　最響亮的　恰是寂靜

心光互映　相依共榮

讓我們一起合掌同心祝禱：

為了揭開宇宙的真理　生命的實相

讓我們聚在一起

學習開放傾聽　洗滌心靈　彼此扶持

主動轉化衝突　尊重每一個信仰

愛是我們共同的語言

為了化解社會的紛爭　戰爭的壓迫

讓我們聚在一起

學習以真誠言語　積極付出

主動寬恕和解 包容每一個族群

和平是我們共同的希望

為了卻除貧富的懸殊　文化的差距

讓我們聚在一起

學習以具體行動　拋卻自私　友善分享

主動消弭偏見　博愛每一個生命

願所有迷惑矛盾的心靈

都能蒙受宗教真諦的潤澤　歡心喜樂」

—西元2000年　心道法師發表於聯合國
世界宗教領袖和平高峰會議

跨越籓離 廣結善緣

～心道法師宗教交流圖文集

「希望透過宗教的團結與和平，
讓每一位眾生都有機會接觸到宗教善的知識，
讓每個人都能以愛心、善念、尊重、包容、博愛
來感化並對待地球上的每一個生命」

——心道法師

生平

西元1948年，心道法師出生於緬甸萊凱山區世代務農的家庭，父母都是中國人，心道法師幼年飽受戰亂流離之苦，四歲即初嚐人生無常，戰火讓他失去父母的怙佑，自此跟隨姑父開始流浪不安的顛沛生活。少年時，離開戰火綿延的故鄉，隨著軍隊來到台灣。

十五歲，初聞觀世音菩薩聖號，流淚深誓，開始打坐及茹素，十六歲，在雙腕上刺青，雙腕上「悟性報觀音」、「吾不成佛誓不休」兩行話，道出心道法師慈悲度眾的胸懷。

心道法師在廿五歲的黃金歲月正式剃度出家，並就讀叢林大學。爲了磨練身心，廿六歲起開始閉關，一天打坐十八個小時以上，日中一食，夜不倒單，務求離苦得樂，此後更進一步勤練「塚間修」，相繼於礁溪圓明寺、莿仔崙靈骨塔等地，以頭陀苦行，觀無常、苦、空，從死亡中體悟放下。

三十五歲，爲了尋求對生命更深層的了解，於宜蘭龍潭搭建「如幻山房」，進行苦修並教導信徒，同時也展開更嚴厲的斷食閉關，希望能激發更深層的生命能量，前後斷食兩年有餘。

西元1983年，心道法師又於台北福隆創立「靈鷲山無生道場」，弘法度眾，來自四方的慕道信眾不絕於途，法脈漸廣；隨後又相繼成立「靈鷲山般若文教基金會」、「靈鷲山護法會」，前者以推動宗教文化教育爲宗旨，後者主要在推廣福慧雙修的理念，願人人成爲歡喜菩薩，全國各地均設有講堂中心，作爲傳法利生的據點。除此之外，心道法師法脈也遍及海外各地，包括美國、加拿大、尼泊爾、緬甸、香港、泰國、澳洲等地均設有禪修中心。

西元1991年，成立「世界宗教博物館籌備處」，1994年，「財團法人世界宗教博物館發展基金會」正式成立，以「尊重每一個信仰、包容每一個族群、博愛每一個生命」爲建館宗旨，鼓勵各宗教與文化進行交流、對話，發揚「愛與和平」的生命價值，見證生活的終極意義，讓世人能重新尋回一份心靈的安住。

發願

心道法師以半生的力量追求佛理，在修行中了悟生死，了解世間人看不透無常受無常苦，體悟「工作即修行，生活即福田」，決定走入人群，發願將親身體悟的法，實際用於解決眾生生命心靈的疑惑。

隨著交通、科技的發達，天涯若比鄰，世界就如同一個地球村，但人類並沒有因距離的縮短而更加親密，反而因爲宗教、種族的不同大加撻閥，因誤解而產生間隙、戰爭。心道法師認爲，世界既然是一個地球村，就不應該有國籍、宗教、種族的分別心。但一個出家人，勢單力薄，如何在這個亂世浮生中，有一己出力的空間呢？世界和平又是一個多麼偉大的夢想？一個出家人，如何能與世界和平畫上等號呢？

宗教家漢斯．孔恩曾說「不同宗教信仰未能和平相處之前，世界和平是不可能的。」

心道法師，一位虔誠佛教徒，體認到要達成世界和平的人類願景，惟有放下自我。心道法師明白「愛」與「慈悲」正是可以促使不同宗教、不同族群的人們願意放下自我。心道法師表示，「我們必須明白，每一種宗教都是爲了愛，而不是爲了戰爭而出現的。」，爲了促進各宗教彼此溝通與了解，心道法師摒除成見，率先提出「尊重每一個信仰、包容每一個族群、博愛每一個生命」理念。

世界宗教博物館就是在這個理念之下誕生的。

實踐

世界上絕大多數的宗教都是勸人爲善，宗教最主要的目的就在於表現生命中的眞、善、美。心道法師愛世人，所以以救世人爲己任，他願意將拯救世人的情操完全貢獻出來，不分宗教、種族。

心道法師開始身體力行，一只僧鞋走遍全世界，從海拔4千米以上的「世界屋脊」西藏、到遠在八千英浬外的南非莽原，從人文薈萃的歐洲、到峰火連天的中東地區，都有心道法師的足跡。或販夫走卒、或達官貴人，或佛教徒、或天主教徒、以至其他各宗教信徒，心道法師不分貴賤，敞開雙臂，一個溫暖的擁抱，化解彼此的陌生、疏離與隔閡。

由於心道法師平民化的風格，讓男女老幼都感到極爲親切，而其對各宗教的尊敬並不因信仰的不同而有所差別，更博得各大宗教領袖的佩服與敬仰。多年的宗教交流，心道法師贏得的國際友誼遍及全球各地。而心道法師所提出的「尊重每一個信仰、包容每一個族群、博愛每一個生命」理念，也受到各國際宗教領袖的推崇。

西元1999年，來自全球各地七千多位宗教人士集結在南非開普敦召開「世界宗教領袖會議（Council for a Parliament of the World's Religions CPWR）」，心道法師以「廿一世紀的佛教」、「千禧年心靈挑戰—希望在宗博」爲題發表演講，並在大會上爲世人祈福。心道法師在會中所提出的世界宗教博物館創館理念，讓來自各教派的領袖深受感動。値得一提的是，在大會分組討論時，一位以「研究宗教對矯正人類行爲、改善社會的具體貢獻」的美國教授向與會人士推崇心道法師的慈悲大願，他表示，「當我們的計畫還在孕育當中，但來自台灣的心道法師卻早已身體力行多年，心道法師所創辦的世界宗教博物館，可說是最具代表、最値得公諸於世的年度計畫。」，也因此，心道法師的宗博館創建計畫被小組成員推派為最具代表、最值得公諸於世的年度計畫，並在大會上宣讀。

身為一位佛教徒，心道法師摒除了私利與偏見，畢生致力追求宗教和諧，期盼將極度排他的宗教文化，轉化為融和共處的宗教地球家。

長年為促進宗教和諧事物奔波的心道法師，其德行已引起國際宗教界的矚目。西元2000年，於聯合國召開的「千禧年世界宗教領袖和平高峰會議（Millennium World Peace Summit of Religious and Spiritual Leaders）」，聚集來自世界一百多個國家近二千位的宗教人士，一同為世界和平議題努力，而這也是有史以來，全球宗教領袖首次在聯合國聚首，其重要性不可言喻。心道法師更獲主辦單位邀請，於聯合國大會會場上發表「衝突轉換」演說，成為該次高峰會議唯一來自台灣的宗教代表。

在會議期間，心道師父廣結善緣，積極向各方宗教人士宣揚籌建世界宗教博物館理念。其間，曾有一位印地安酋長深受心道法師博愛世人的理念所感動，竟將一向被印地安族人視為精神象徵的酋長帽取下贈予心道法師，包括其族人與在場人士都被這突如其來的舉動所震驚，雖然言語不通，但每個人都知道這是心道法師已博得對方信賴與支持的最佳見證。

「一個和尚什麼都沒有，但卻貢獻出所有」曾有一位與會人士感動地說。

「只要對人類有幫助，我就應該做，不問回報」心道法師說。

有夢不難，但有夢而盡一切心力去實現它，就難上加難。

心道法師做到了。

展望

心道法師「尊重、包容、博愛」理念在多年的推廣下，已引起全人類的共鳴。世界宗教博物館在西元2001年11月正式開幕，隨著新年到來，這將是獻給廿一世紀的人們最好的賀禮，自此而後，不分種族、不分宗教，每一個宗教都可以在

世界宗教博物館平等對話，每個人都可在此尋求心靈的安在。心道法師希望藉著溝通、對話，讓人類更了解自己與他人，殊途同歸，世界和平是每一個宗教最終的期待。

在世界宗教博物館創館任務完成後，心道法師的責任還未了。

宗教聖地古蹟是人類歷史珍貴的遺產，但往往卻因誤解而發生摧毀性行爲，甚至演變成殺戮等流血衝突事件，人類的文明是經過多少的世代胼手胝足建立起來的，但卻可在剎那間化爲烏有，類似的摧毀性行爲不斷在各地上演著，著實讓世人感到惶恐與不安。西元2001年3月，阿富汗神學士政府滅佛舉動震驚國際視聽，人類千年宗教及文化遺產就在一夕之間毀於一旦。

「現在是行動的時候了」心道法師知道。

「戰爭、環境惡化、宗教衝突和文化的冷漠，已對全球聖地造成威脅，任何宗教均無法避免此一危險。」心道法師沈痛地說。

心道法師身體力行，站在最前線，起身號召發起「全球宗教聖蹟維護委員會」，向全球重要宗教、文化及政治領袖大聲疾呼，共同投入搶救世界宗教古蹟的行動，爲人類歷史留下見證。心道法師同時隨即展開全球巡迴參訪拜會活動。

在整個行動方案中，包括東南亞、中東、南美洲、中國邊界等地區最是充滿宗教緊張關係，該等地區也將列入全球宗教聖蹟維護委員會的重點區域。

每一個歷史悠久的宗教都有美麗的傳統，也或多或少都有歷史糾葛的遺憾，雖然造成這些事件的因素與影響並不單純，但如心道法師所言，「地球是我們唯一的家」，若人人都抱持著這個觀念，又豈捨得殘害這個地球的環境、地球上的每一個人？心道法師呼籲，每一個宗教、每一個族群、每一個個人不應再互相攻訐、互相毀詆，而應努力溝通、誠懇對話、積極交流，和平來自實際行動。

「欲重建聖地，必須先重建心靈的和平，未來協助工作將著重於青年人靈修活動及教育計畫方面，散播宗教、種族共存共榮、愛與希望的種子。」心道法師明白揭示。

「您相信世界會有和平嗎？」有人問。

「當我們的心靈和平了，我們的世界就和平了。」心道法師開示。

1995年

◆拜訪美國鹽湖城基督教末世聖徒教會（即摩門教會），深入了解摩門教戒律及生活規章。圖為參觀摩門教福利中心，摩門教著名的「德撒律工業」福利政策，即在提倡「自我依賴」精神，教導信徒貯藏、種菜、縫紉等。

◆薩滿教博物館館長親自穿上祭司服飾為心道法師導覽，並安排心道法師體驗薩滿教神秘色彩。

◆心道法師走訪聖彼德堡宗教歷史博物館、莫斯科柴加可夫國家畫廊、烏蘭烏德歷史博物館、科濟爾六十英雄館等，除了了解當地博物館典藏制度、文物保存技術等知識外，並與當地博物館館長及館方人員進行交流。

◆參觀烏蘭烏德佛教中心、立佛寺，並與俄羅斯藏傳佛教總喇嘛並諸大執事喇嘛會談。

◆謁見布理亞特總統。

1996年

◆心道法師搭乘仿古船遊覽加利利海，體驗當年耶穌乘船講道的經歷。加利利海是世界上最低的淡水湖，亦為當時耶穌顯聖蹟「五餅二魚」之地。

◆拜會以色列海法城巴哈伊教總會、巴哈伊教最重要之國際性機構「世界正義院」。

◆拋開宗教儀軌的限制，心道法師身披袈裟，以開放的心實踐佛陀無我的精神，實地走訪苦路、聖殿山、伯利恆、哭牆等宗教聖地，以行動實踐尊重每一個宗教。

◆與伊斯坦堡宗教部部長會面。

行經苦路，與一位神父合影。

1997年

◆參加英國聖地計劃活動（The Sacred Land Project），與來自英國各地的宗教領袖會面。此為保存宗教聖地遺址計劃，目的在復原古老或已消逝的宗教史蹟、促進各地聖地史蹟的環境及創造新的聖地。心道法師並在會後與該活動主持人坎特伯里大主教喬治卡倫（上圖左一）進行會談，雙方並允諾加強彼此的交流合作。

1998年

◆心道法師如苦行僧般周遊各大洲，力促各大宗教進行溝通、對話，深獲各大宗教領袖的肯定與支持。遠在梵蒂岡的教宗若望保祿二世也為心道法師賜福，一張由教宗頒發的祝福狀上就寫著—「教宗若望保祿二世慈愛地將羅馬教皇的特別祝福給予釋心道法師及世界宗教博物館，作為由神而來永久護佑的誓約」

His Holiness John Paul II
paternally imparts his special
Apostolic Blessing to
Ven. Dharma Master Shin Tao
and World Religions Museum
as a pledge of continued divine
protection.

◆同以頭陀苦行為主要修行的心道法師，盤坐於尼泊爾佛教密宗聖地—密勒日巴山洞，發下弘願發揚密勒上師以實修為主的宗風。

◆土耳其伊斯蘭教團體ZAMAN來訪，與心道法師暢談宗教愛與和平的理念。

◆心道法師在日本基督教協議會宗教研究中心的安排下，與日本佛教臨濟、天台、曹洞宗代表及天主教神父等人進行宗教交流之經驗分享。

◆中國宗教局副局長王作安率中國宗教中心來台拜訪心道法師，關切世界宗教博物館籌備情形。

◆法國天主教耶穌會前會長歐神父Fr.Jacques Orgebin拜會心道法師。

1999年

◆在1999年世紀末、千禧年到來前夕，全球宗教界領袖在南非開普敦聚首，心道法師也不遠千里，與各宗教領袖分享世界宗教交流及人類靈性成長的經驗。

◆1999年世界宗教領袖會議主席Dr. Howard A. Sulkin推崇心道法師創建世界宗教博物館，並表達願意提供資源協助宗博館。

◆前往錫克教聖城安姆里斯達，參觀金碧輝煌的錫克教黃金廟，錫克教徒特別致贈楠紅聖巾予心道法師，以表達支持之意。

◆西藏精神領袖達賴喇嘛為支持世界宗教博物館創館理念，派遣使者賈傑康楚仁波切來台，致贈達賴喇嘛使用過的法器─鈴與杵，以及親筆題偈的大幅景觀照片，作為宗博館開館賀禮及典藏聖物之用；而在1999年底，心道法師與達賴喇嘛並在開普敦世界宗教領袖會議上碰面，並進行短暫會晤，雙方相談甚歡。

◆前往印度拜訪印度大師古古那達。

2000年

◆泰國僧皇（H.H.Somdet Phra Nyanasamvara）致贈一尊長五尺、寬三尺金佛予世界宗教博物館，以表達對宗博館的支持與祝福，在該尊金佛壇座上刻有泰皇親筆名及書文，譯文為：「供養世界宗教博物館，為世界宗教和平祈福，互相尊重、互相交換意見，使世界眾生對宗教有正念，祝福一切圓滿順利，刻苦耐勞，堅持走過一切障礙。」

◆心道法師、立法院長王金平（左二）、副總統呂秀蓮（右一）親至桃園中正機場恭迎金佛及僧皇代表Phuphatana（左一）。

◆向來專為皇室獻唱的英國劍橋大學國王學院聖樂合唱團，深受心道法師創建宗博館的宏願感動，首度破例來台演出，以歌聲禮讚世界宗教博物館。

◆受聯合國和平組織主席莫瑞斯．史壯之邀，前往美國科羅拉多洲柯瑞斯東（Crestone）印地安聖地保護區參訪，該保留區係為世界各宗教主要靈修中心的聚集地。

◆心道法師參加副總統呂秀蓮中美洲柔性之旅，並與薩爾瓦多、宏都拉斯、瓜地馬拉等國政要及宗教領袖會面，而這也是以天主教為主要信仰的中美洲國家，首次有佛教世界的導師前去參訪。圖為心道法師贈禮予薩爾瓦多總統佛洛瑞斯。

◆心道法師參加於聯合國召開之「千禧年世界宗教領袖和平高峰會議」，與全球各大宗教領袖齊聚一堂，共同針對衝突轉化、寬恕和解、消弭貧窮、地球環保等四大議題進行討論。大會秘書長巴瓦．金（Bawa Jain）在會中特別推崇心道法師推動愛與和平的理念，並期盼各國能與心道法師看齊，積極促進宗教和諧。

◆梵諦岡教廷大使館易福霖代辦拜會心道法師，雙方就宗教事務進行交流。

2001年

◆「回教聯盟(Muslim World League)」致贈包括天房罩幕、古蘭經等珍貴文物予宗博館，而這也是回教聯盟首次破天荒將伊斯蘭文物贈送給非伊斯蘭教國家。回盟認為，伊斯蘭真意強調的和平、博愛之意，與宗博館所提倡的尊重、包容、博愛理念不謀而合。宗博館也特地舉辦感謝茶會，心道法師並回贈哈達及感謝狀予沙烏地阿拉伯商務辦事處處長艾方。

◆回盟秘書長歐貝德是於西元1999年參加世界宗教領袖會議時，深受心道法師當時在會議上所發表的宗博館創館理念所感動，次年，又特地來台拜訪心道法師，在了解館方的需求後，即促成了這次的贈予行動。

◆聯合國宗教和平會議秘書長巴瓦．金來台遞交聘書，邀請心道法師擔任聯合國宗教及精神領袖世界和平高峰會委員會諮詢委員。

◆展開日本、香港、美洲、歐洲、中東地區宗博館開館全球巡迴宣傳活動，引起當地政府、民間團體、藝文界、宗教界、博物館界的注意，並獲國際媒體大幅報導。

◆為挽救瀕臨危險及可能受到褻瀆的聖地古蹟，心道法師身體力行，起身號召成立「全球宗教聖蹟維護委員會」，而為確實掌握各地區聖地古蹟遭受破壞情形，心道法師親自前往巴爾幹半島等地考察。

世界宗教博物館創辦人心道法師（藝文茶會致詞原稿）

人類心靈的深刻表現

藝文界是社會的重要資產，其連結文字、音樂、美術，豐富我們的生活，使我們生活充滿了生命力與創造力，就猶如宗教能豐富我們的靈性視野，使我們的精神生活充滿生機一般，兩者都是人類心靈的深刻表現，世界宗教博物館正是融合了宗教理念與宗教藝術文化的產物。

世界宗教博物館是一份國際化、前瞻性的志業，它試圖集合各宗教的智慧，傳承發揚愛的真理，建築、文學、音樂、美術、舞蹈等，都是闡釋宗教的文化藝術表現，宗博館除了來自各宗教界的支持外，更需要藝文界人士的支持，這樣的支持，將充分出現在文物或是展示空間上，也可以說，來自藝文界的支持，是使世界宗教博物館長期成功的關鍵性力量。

我們希望世界宗教博物館的理念，能藉由開館工作、媒體宣揚、舉辦各種文化教育活動來聚焦，這需要更多藝文界、更多領域學者專家一同來研發及企劃更具吸引力的活動，這樣的力量整合，才能讓這個來自民間募款，籌建不易的社會公器，得以充分被利用，達成教化的效果。

宗博館是大眾成就的事業，希望大家一同來維護、善用，讓它發揮應有的功能。

世界宗教博物館創辦人心道法師（祈福大會致詞原稿）

善心集合

今天是所有長期贊助世界宗教博物館的人，最期待的一天，我們感謝來自世界各地的貴賓們帶來的肯定和祝福，今晚我們要為世界和平祈福，並宣示「世界宗教和諧日」的成立，讓我們期許未來能夠帶領社會走向希望，進而將這份信心擴展到世界各地。

靈鷲山的修行弘法志業、世界宗教博物館的開館，都是在場每一位的榮耀與希望，因為各位的善心集合，成就了這份功德，讓「尊重、包容、博愛」在台灣，甚至世界各地逐漸推展開來。

回顧過去，我們都曾經很辛苦地、一步一腳印，在台灣每個角落努力宣揚著連自己都不免懷疑的崇高理念，但是，經過美國九一一恐怖事件的痛苦，以及還在持續上演的衝突與傷害，我們的心被徹底撼動了，我們終於相信，過去的努力是必須的，而且需要更積極、更有效、更具整合力的作為，來防範於未然。

此時此刻我們的相聚，承蒙諸佛菩薩的加持，希望藉由宗博館的開館，確實為我們的善心集合找到目標，並且看清全力以赴的方向，我們明白所作仍然有限，更應重視來自各方的意見，認識自己的不足，從中修正，以面對開館之後的挑戰。

我們知道「世界宗教和諧日」的目標，是希望各宗教間和平相處，造福人類，創造永續生存的地球家，因為這是我們生存所依存的共同世界。

當然，一切的緣起不能只是紙上談兵而已，重要的是要如何打開心胸，積極從事公益慈善事業，消弭貧窮罪惡，落實社會福祉，加緊促成宗教間的連結，鞏固靈性信心，才能達到「愛與和平」的目標。

感恩與美好

過去我有機會遊歷各國，進行宗教交流與對話，促進宗教間的聯繫，承蒙許多朋友在國外熱情招待、適時幫忙，今天我們也非常榮幸能善盡地主之誼，藉著今晚的聚餐，表達我們的熱忱，為諸位旅途中的奔波辛勞表示歉意與敬意，此刻內心有一份說不出的感恩與美好。

諸位對於「宗教和平」的貢獻有目共睹，您們風塵僕僕集合到台灣，為世界宗教和平及世界宗教博物館開館祝福，這不僅是我們國家的殊榮，更是國際社會一件難得的盛事。

世界和平必須靠不同宗教、不同種族、不同文化一起努力、共同維繫，宗教間的和平交流，不是一天、一個宗教或是一個國家可以完成的工作。

感謝您們的用心與關懷。祝福大家喜悅無量！

"Religious United Nations" in MWR

Congratulatory address by President Chen, Shui-Bian:

It is really my pleasure to be invited to the opening ceremony of the Museum of World Religions. The inauguration of the museum is a big event in religious communication as well as for the human civilization. This big event completed in Taiwan proves the good karmas of all Taiwanese, and all Taiwanese should be proud of it.

The founder of the Museum of World Religions and the LinJiou Mountain Buddhism Foundation Dharma Master Hsin Tao is a respected person. Let's try to imagine this. Ten years ago, there was a person who made a wish to work for world peace. He wanted to state "love and peace" by means of the power of religions. It is hoped that different religions and groups would achieve "respect, toleratnce, and love". Hence, his practical action was to establish the Museum of World Religions to actually be involved with the work of world peace.

Comparing to the current conflicts or even wars in the world caused by misunderstanding and hatreds, we really appreciate from the bottom of our hearts the power of the vow from Master Hsin Tao's mercy and his vision. Though it may not be everyone who has the ability to found a museum, it is possible to practice "respect, tolerance and love" in our daily lives, to enable the society to be more affable and better.

The contents of the Museum of World Religions are not to serve a particular person or religion, it is for the entire world. In the process of its establishment, it was not supported by large scale donations from major enterprises, instead it was accumulated from many Taiwanese donations to support Master Hsin Tao's consistent fund raising of "one step forward, one footprint, reaching every corner of the world." The inauguration of the museum enables people from different places to deliver mutual blessings. The location in Yong Ho City, Taipei Hsien also symbolizes recognition of Taiwan as the "peace capital" of the world. This is the pride and glory of twenty three million Taiwanese.

Since this museum introduces major religions of the world, it surely includes Taiwanese folk belief. It delivers the wisdom of all truth, kindness and beauty as a "Religious United Nations".

Instead of saying the founding of the Museum of World Religions is to resolve conflicts caused by peoples' hatred and hostilities, I would rather believe this museum focuses on finding the beauty of differences while comparing precious, multi-various cultures.. It is also to find their similarities to understand the bridge that we often ignore. Upon finding the bridge the energy of the wisdom will float to us as the waves of the ocean flow to each other. The mutual dialogue, learning and enrichment is drawing back the spirit of what the Museum of World Religions emphasizes, "respect for all religions, toleration for every group and love for every single life."

We truly believe that the Museum of World Religions will complete the world's vision in religions and mind. I sincerely invite all people in the country to come and visit the museum if they feel agitated, helpless or just to come in during their free time. Take the place as the home for your mind. At last, thanks again for the founder, Master Hsin Tao, who realizes the mission of "love and peace" by the spirit of many a little makes a lot and welcomes distinguished international guests to bless Taiwan and the world together.

World Peace Global Family

Museum of World Religions Founder, Dharma Master, Hsin Tao:

The Museum of World Religions has finally smoothly opened under the impetus of the society. For the past ten years, we have held the vision of "respect, tolerance and love" to promote the religious ideal of "love and peace". Finally, we were able to settle down the root in Taiwan and pour streams of aggressive, positive and bright energy out to the international society.

What the Museum of World Religions projects is not only a wish of spiritual civilization, but also the realization of what the Taiwanese have been working on , the ideal of "world peace, global family" ideal. I truly believe in this era the Museum of World Religions must have its important and indicated meaning. This work is not for one day only; neither is it by a single person. It has to be consistently worked on and broadly spread to elaborate and increase its influence.

The opening of the Museum of World Religions does not mean it will play the role of director; instead it has the role of hastening. Here, I would like to thank all aspects of support which has been given to this museum. Without your selfless contributions, this ideal would not be realized. Then you would not be here to witness the "true, kind and beautiful" religious face. Besides which, we have to give thanks for the religious works done by the government. The ideal of promoting "mind reformation" and "life education" enables religions to be developed in a free and open environment, and outreached to different classes of society in Taiwan.

The inauguration of the museum symbolizes real progress. The most important topic for the museum in the future is how to assist in promoting and realizing the mission of " respect, tolerate and love". I deeply expect and wish the museum will play an inspiring role to unify all religious kind and positive strengths to broadly and consistently influence people ,as time goes by, to reach "love and peace' of human civilization.

Inciter of World Peace

Secretary General Millennium World Peace Summit, Bawa Jain:

It is so good to see the Museum of World Religions located in such a prosperous downtown area next to busy boulevards. This enables pedestrians to easily identify it and walk in immediately. It is very convenient.

On behalf of the United Nations Millennium World Peace Summit I am here to thank you for the invitation. It is especially meaningful that we are now gathering here to promote world peace after the 9-11 terrifying event in the USA.

Dharma Master Hsin Tao has been visiting many religious leaders worldwide in these few years. He also invited everyone gathered here for the opening of the Museum of World Religions. Hopefully the Master Hsin Tao will establish many more Museums of World Religions in the world.

The Most Beautiful Sound

Environmental Protection Musician Mathew Lien

The Museum of World Religions is located in the city surrounded by mountains. It is an environmental protection exhibition hall itself.

About two years ago, I had a chance to visit Lin Jiou Mountain Wu Sheng Monastery and to discuss many topics with Master Hin Tao. During the dialogues, I found there are many similarities between religions and environmental protections. At this opening of the Museum of World Religions what I am seeing now is not only what Master Hsin Tao described at that time, but also the realism created by him.

The great nature bears all the pains brought by human civilization. The Museum of World Religions tends to integrate all different religions in the museum to inform all human beings that we are only part of Nature. To see the Museum is to realize that the sound of waiting for this past ten years finally has a beautiful result. This is the most beautiful sound.

The inauguration of the Museum of World Religions on November 9th is not only an ending for a certain stage, but also is a new beginning. The 9-11 terrifying event in the USA has shown to the world a dark side. Though the "9-11" is horrible, the "11-9" (ps. the opening date of the Museum of World Religions is November 9th) is the salvation of human beings.

Opening Press Briefing

Host:

Good morning, ladies and gentlemen. Let me briefly introduce our distinguished guests over here. On my left is Mr. Ralph Appelbaum, and on my right is Dr. Lawrence Sullivan. Dr.Sullivan is from Harvard University's religious research center. Mr Appelbaum is the original designer of this museum.

Master Hsin Tao ：

Good morning, Ladies and gentlemen, the media, distinguished guests, religious leaders and representatives, I appreciate having this rare opportunity to come together with you. I would also like to thank the religious leaders, experts and scholars from all over the world, for the gifts they brought.

Mr. Ralph Appelbaum:

Almost five years ago we started working with Master Hsin Tao. The aim was to create a Museum based on peace love, mutual respect and understanding. This message is very pressing for the world we live today. My country is currently engaged in a war and the challenge set to for this Museum is even more accentuated. The massacre of thousands of civilians in New York shocked the entire world.

We wonder how could any man invoke divine providences to justify these acts. Is religion a force for intolerance and hatred or a force for peace and reconciliation? The Museum of World Religions is clearly on the side of peace and compassion. The millions of visitors we expect to come here, will hopefully call for spiritual cooperation to create a better world. This should be a place where people could come together to share ideas, try and understand each other and respect each other's freedom, religions, consciousness and freedom of speech.

Even before the terrible attack on the Twin Tours in New York, our world was on the brink of a profound transformation. Science and technology have prepared us for these changes, caused by dramatic shifts in our perspective of life and how we are going to live the future.

For example: Three decades ago we saw our planet from outer space for the first time to our amazement we saw a beautiful blue and glowing white planet suspended in space. We can just imagine that this is the way we appear to the rest of the universe, maybe even to the divine creator. This should be the vision of the new age. The whole world is part of a dynamic, interconnected cosmos.

Scientists tell us this cosmo is the result of a big explosion that happened around 13 billion years ago. This prepared matter for every star and every living creatures. A famous astronomer, Carl Sagen said that we ware all-star stuff. That we all spring from one single unit, the infinite matter that exploded billions of years ago. This story of the creation of the universe seems to tell us that while we have a diversity of religions, cultures, nations, we all live on this planet and all are a minute part of a global family.

More and more people realize the implications of these ideas. We are now also able to formulate an ethic power. The expanding universe should be accompanied by an expanding moral force. This moral power should recognize the dignity of life and basic human rights. The message of this Museum is that we all share a common destiny and that our lives are connected. I think this makes the message of the Museum so compelling for our time. To build an understanding among different cultures, peoples and races by exploring the depth of human experiences.

The aim of the exhibits is to make visitors more sympathetic, to be able to put ourselves in another's place, to be able to understand another persons' experiences, to appreciate the way other people feel and the reason why they feel that way. The idea is that the Museum will function as a catalyst, to release a kind of spiritual goodness and a spiritual generosity that we believed all our visitors have. Particularly, this Museum can be a vanguard or a trend for the world to build greater religious understanding to help us deepen our appreciation of our common humanity. The museum uses multimedia exhibits, that offer visitors many different levels of understanding and various ways to engage with the information to their exposure.

We come to realize that today every country has two or more large ethnic groups trying to rebuild their vision and share the future, but only if the solution is based on peace will they succeed. A museum is a place for keeping a country's culture, and the collection of material which is regarded as having potential for sharing in the future.

That's the way that Museum of World Religions will help the Taiwanese society understand themselves and help all visitors to come and explore a deeper understanding of big and powerful questions such as: What does it mean to be free? What is prosperity? How do we find truth and what's the nature of evil? If ever there was a proper time to consider this cosmic question, the time is now.

Today's crisis not only presents challenges for other museums, it will also present extraordinary challenges for the Museum of World Religions.

We hope by applying the educational programs, the Museum will promote world peace through respect and tolerance or a compassion that recognize no boundary between self and others as the Master said.

Let me quote a famous proverb about the subject of this Museum:"the earth is not a gift to you from your parents but it's on loan to you from your children. I think this subject of the museum is perfect for its time.

Thank you.

Dr. Lawrence Sullivan:

I would like to offer seven words to you. First the word: 'Congratulation.' I think this museum is really a unique and very original institution. There is none of this kind in the world. My second word is: 'thank' for the invitation to participate here.

And my third is 'urgency'. Even before the event two months ago, we felt it's very urgent to understand religion today in order to appreciate and work with other people in a more peaceful way. I believe Master Hsin Tao has great vision. He let us have something that we have expand even more since the September 11 attack. We now know the great urgency to get peace through understanding other people's religion or the alternative will be the misunderstandings, conflicts and violence.

So, it comes to the fourth word "religion". The idea of religion in this wonderful Museum is a broad idea. Religion in this building includes not only people's beliefs in God, but the way they live their life. In fact, we can see every aspects of life has transformed to a religious life in the building. The clothing people worn, the hairstyle, the architectural style, the social groups they treasured to be a part and the ceremonies that they wanted to participate in. So, in this building, we take approaches to religion as broad as it has impacted in our life.

We try to pose some of the most important questions about religions. Though our respected visitors can't answer all of these questions, for Example: Is the base of all religions similar to one another or different? We invite everyone to think about this question.

When you think about it, you will notice as you move from one part of Museum to another, that you'll always here sounds or music in a specific zone Muslim's prayers changes to Christian music to Buddhist recitation modes. It's also very interesting as you pass from one zone to the other that the music has been arranged in one way and the rhythms in another . They are all compatible and each zone has their own unique songs. You can distinguish them but they are in harmony.

The fifth word would be response or responsibility. I think it has always been the Dharma Master's hope to create an environment in the Museum that calls for a response from the visitor. Especially young people who are still forming their value of life. While they learn about others, they also look inside themselves and find their own deep source of peace and love.

The sixth word is 'time'. I would tell you my own secret of the Museum. For me, one of the key ideas in the museum is the idea of time. We want the museum to speak of time. The museum looks at human experiences in time in many different ways. Each space is given to a different time of experience of time.

Here we are in the creation theater. This space exhibits the idea of the beginning of time as known through great descriptions of mythology and different traditions. When you walk through this door, you will enter another space where human lifetime is exhibited with the ceremonies of birth, marriage, death and all the different points in the individuals lifetime. And in another space, you will see how society celebrates time remarking the New Year, springtime or the harvest season with special religious ceremonies. All of these were imitations for us to enter our own time more fully.

And the last word I think of is 'seed'. In many ways, this last word "seed" was the first word that we agreed on when we designed to plan the museum. In one of Buddha's writings, we find a beautiful saying. It says: "Try to put all the oceans in the world and exhibits inside tiny seed.'The trick is to do this without shrinking the world or enlarge the seed. We took it as our challenge with this building, though it's bigger than a seed. In the face of all the religious experiences existing here , it seems to be a very tiny place. So we treat it as a seed that we plant today, and hope will grow and develop in dialogue with you, the religious leaders around the world, other museums and artists. The Museum will take various shapes as it progresses.

Question:

Three great masters here present planned this museum. She wants to know how the idea evolved among three of you, to come up this concept.

Answer:

Master Hsin Tao was the initiator in the relationship. We then interacted with each other and exchanged opinions that lead to this concept.

Mr. Appelbaum explained that about four years ago, Master appeared in New York with some staff searching for a way to make this dream come true. A place that could host a religious artifacts collections, become a global meeting place and with a very strong educational capability. That was the beginning and initial thoughts.

Dr. Sullivan:

Some objects have been loaned by the premier museums in the world, which is quite extraordinary for new museum. For example: The Egyptian exhibition at loan from the Fine Art Museum in Boston.

Mr. Ralph:

The idea is to get loans for longer periods from the major world institutions. This is fundamental and extremely important for this community.

Master Hsin Tao:

Just to ad to the last answer. If we have more money in future, we would like to use it in the promotion of our education and training section.

MINUTES OF THE INTERNATIONAL CONFERENCE ON THE GLOBAL PRESERVATION OF SACRED SITES, HELD ON THE 9-10TH NOVEMBER 2001The Grand Hotel, Taipei, Taiwan, ROC - International Reception Hall, Opening Remarks - Day 1

Venerable Dharma Master HsinTao

The Venerable Dharma Master HsinTao opened the meeting.

The Master welcomed everybody present and thanked each one for the time they set aside to attend this important conference. Furthermore he thanked everybody for his or her individual contributions to this cause.

The Master expressed the hope, that answers could be found to the questions of how to stop the destruction of sacred relics and sites and also how to go about in the rehabilitation of those already destroyed.

He stated that new ways have to be found to preserve the cultural and religious relics. The Master stated the importance of cooperation between the various religions, in order to find peace, love and happiness in the world.

The next thing on the agenda was an acknowledgement of a fax received from UNESCO (United Nations Educational, Scientific and Cultural Organization)

The detail of the fax received, was read to the meeting.

In short the fax was directed to Mr. Bawa Jain Secretary General Millennium World Peace Summit saying that it took note of all the initiatives been undertaken to preserve sacred sites worldwide and in particular, Bosnia and Herzegovina.

It congratulated Mr. Bawa on the invaluable contribution to this issue and stated that UNESCO is fully committed to the protection of Cultural and Natural Heritage and to the promotion of dialogue among cultures and religions.

It regretted the fact that it could not accept the request for a video message from the Director - General for the meeting held in Taipei. It concluded that taking into account the current conflict situation prevailing in the world, the initiative of gathering religious leaders from all faith traditions, as well as museum directors, is highly appreciated. Lastly it wished the meeting success in its Inter-religious dialogue between the various beliefs.

H.E.Hsiu-lien Anette Lu Vice President, Republic of China

The Vice President welcomed everybody and thanked them for the opportunity to participate.

On behalf of the Museum Of World Religions she thanked everybody for attending the meeting and said Taiwan was proud to have them here.

Also that Taiwan was particularly proud in the fact that the initiatives came from Master Hsin Tao that has been living in Taiwan for many years. She said that although there are many different religions, they all have somethings in common such as universal love and tolerance and a search for peace.

She asked the question how any society or people could give someone the power to destroy other people' s sacred relics. Taiwan as an island had been threatened but has never given up its human rights and search for peace. She said religion was like a washing machine that could clean our spirits and showed us the path to walk in this life and to guide us into the next.

She mentioned the terrible tragedy in New York and the destruction it left behind and said politicians and leaders in all spheres should play a part in preserving sacred sites. She said all forms of terrorism are wrong and should stop and that love, wisdom and tolerance could be used to do it.

Bawa Jain - Secretary General, Millennium World Peace Summit

The speaker asked people to join for a minute of silence and prayer. He mentioned that the destruction in New York affected everybody, not only those living there. He also mentioned the typhoon that swept across Taiwan and the destruction that was left behind.

His view is that people fifty years from now will look back at this time and ask what did the religious leaders do to prevent further destruction of the world. He stated that this conference must be seen as an opportunity to find answers for some of the questions.

He spoke of the hate people show when they destroy relics and religious sites for no apparent reason and shared some of his experience visiting Bosnia. According to him 99% of places of worship have been destroyed there. Billions of dollars were available for destruction but nothing to preserve them.

He mentioned the positive effect the initiatives of Master Hsin Tao had in the adaptation of a resolution on the preservation of sacred sites by the United Nations on the 1st of May 2001. He said this resolution gave the meeting a mandate from the United Nations to go ahead with the aim of preserving sacred sites.

He expressed the hope that people could be found to start specific initiatives.

He said a modest effort would be a good starting point and recommended that a commission should include members of business, cultural, religious and other related fields. Some things the commission should look at included:

- What were the reasons why people destroy sacred sites?
- The identification of such sites.
- Proactive measures that can prevent it.

He ended by thanking everybody present for taking this issue seriously.

Professor, Chen Chi-nan

Professor chen. welcomed everybody present and said it is especially good to see so many participants under these unstable conditions. He said the mere fact that they arrived, was a blessing to Taiwan.

He expressed the hope that they will enjoy the culture and society and take with them the message of tolerance, love, and respect.

He ended by saying that the conclusion reached by this gathering will have an impact all over the world and that he gives his support to the aims and direction set out by this meeting.

INTERNATIONAL CONFERENCE ON THE GLOBAL PRESERVATION OF SACRED SITES

The Grand Hotel, Taipei, Taiwan, ROC - International Reception Hall

Opening Remarks & Blessings: Day 2

Venerable Dharma Master Hsin Tao

The visionary behind the museum opened the meeting for the beginning of the second day of the conference on global preservation of sacred sites.

Master Hsin Tao welcomed all present with the words 'Good Morning'

He once again stated that the meeting needed to explore the issue of preservation of sacred sites since it became a matter of emergency.

He went on to explain his observations of destruction in Bosnia and in particular the destruction of the Buddhist statues in Afghanistan. This act made him sad because it was done intentionally. He expressed the hope that religious and political leaders could work together to find ways to preserve sacred sites and reconstruct damaged sites and relics. He mentioned the list of more than 350 sites that were attacked in Bosnia, not mentioning the more than 2000 institutions effected by the Bosnian war.

He said the meeting should explore ways, in dealing with these acts of violence before it happens and expressed the hope that religion would play a major part in preserving these sacred sites. He concluded with the words: "Let us bless each other and grow together."

John Stubbs- World Monument Fund

He thanked the organizers for inviting him to participate. He said the WMF has high hopes for the establishment of an International Commission to look at sacred religious site protection.

He said the Museum of World Religions illustrated the variety of religions and also the timeliness of the gathering of the different religious leaders. His opinion is that at least in the beginning, the emphasis should be to preserve religious constructions, which have already acquired some degree of historical value.

He stated that the task might seem almost impossible to preserve even one site but that they have to try. The effort could include the use of newly developed technology and those already being used in the field of archeology.

The reasons for protecting sites include pride, devotion, education and political. It was also necessary to explain what is religious architecture? According to him it was something that had its base in some form of faith and something that people associated with. Furthermore it could be easily recognized due to its decorative structure and attention to detail. One could see 'god in its structure', so to speak.

A series of slides were shown about different sites and burial sites around the world. Most of the sites formed part of a program called "World Monument Watch" a program run by the WMF, which identified 100 Most Endangered Sites, selected through a process of elimination.

The program set aside grants for reconstruction and preservation. 40% of the list is religious sites.

The criteria for a grant to be awarded is easy:

1. The site must have some form of significance.

2. It must be in some danger to be lost.

3. The nominees should have some idea of what could be done to save it.

Many sites have been set on the road to recovery through the efforts of WMF but he also stated that he thinks nothing could have prevented what happened in Afghanistan. How to calculate such acts of terror is still uncertain.

He concluded by saying that the beneficiaries of this meeting will be all alive today and those to come.

Professor. Chiang Shao-Ying

In general the Professor. explained the role the museum would fulfill in the broad context. He said the Museum hoped to become a source of information to academics on all aspects of religion and especially in the education of young people. He said many things such as relics, buildings, etc. can't be rebuilt but whatever is left could be preserved for generations to come.

Professor Chiang. said although we pray for peace and tolerance, conflict is still escalating in the world. He mentioned that national disasters also played a part in destroying the places and objects of concern.

Although countries and religions have different sites and different meanings, they connect to them because they believe god stays there and that place gives them an earthly connection to him.

He expressed the hope that Taiwan will act as the base from where the initiatives to preserve and protect these sites could be launched. Personally he thinks dialogue between religions and countries are the way to work together to reach this goal.

The first session of proceedings were concluded when nominees of four different religions opened the rest of the proceedings with a blessing.

Opening blessings were done by:

Sai Das Baba " Lord in your mercy hear our prayer"

Amrendra Muni "Garden is beautiful with many different flowers."

Ron Kronish "Truth is one and all are manifestations of that truth"

Archbishop Nicholas Zachariah " When one religion thinks himself to be more than another, the destruction starts"

After the blessings, the conference turned to the panel discussions, headed by a chairperson and a few panelists. There would be two main topics for discussion but four panels and four chairpersons.

SESSION I - PANEL DISCUSSION

Each session centered on a topic discussion lead by a chairman and a panel.

TOPIC I: MUSEUM AND THE PRESERVATION OF SACRED SITES.

Chair: Ralph Appelbaum- Museum Designer

Panel:

Rabbi Awraham Soetendorp

Maria Habito-Professor,Consultant of the Museum of World Religions

Dominique Ponnau,Director of L`ecole du Louvre, President of the Commission for the Conservation of Cultural Patrimony and the Conservator General of Cultural Patrimony

John Stubbs-World Monument Fund

Archbishop Yephrem Tabakian

Senada Demirovic - Institute for the Protection of Cultural-Historical and Natural Heritage of Mostar,Bosnia.

Chair: Dr. Larry E. Sullivan-Director, Harvard University, Center for the Study of World Religions

Panel:

Sri Sri Rav Shankar - Art and Living Foundation

Archbishop Zachariah, Malankara - Archdiocese of the Syrian Orthodox Church in North America

Father Maximillan Mizzi - Centro Francescano Internazionale Per il Dialogo

Ho, Chuan Kun-Director, Anthropology Dep., National Museum of Natural Science

Discussion was opened:

Sacred Sites of every religion belong to all humanity. Cultural and religious leaders must explore ways to generate greater understanding of this concept within their respective fields.

The topics for discussion focus on how can religious, cultural and political leaders work more closely together to prevent desecration.

A change was made to the schedule, resulting in the union of discussion, with both Panel A and B, within the same conference area. That meant two panels would put forward points of interest on the same topic.

Chair : Ralph Appelbaum- Museum Designer

Mr. Appelbaum gave the introductory speech of the first session and stated that he would only set the tone for the discussions and would then hand it over to the panel.

In his short introduction, Mr. Appelbaum spoke of the importance for the protection of sacred sites. He referred to the destruction of the world' s largest Buddha in Afghanistan, and said such acts aim to rob a culture of legitimacy and

peace. Attacks on religious and cultural monuments were a target for destruction by the foe, in order to destroy their visual symbolism. Therefore the intervention for protection of sacred sites would be a necessity. With the help of modern weapons and modern communication, the destruction and hate were sent to a global audience. To destroy buildings and sites also served as an act to erase memories and to impose new ones.

However the single act of destruction on the Buddha was the trigger to almost force the MWR to bring about the world to focus on the preservation of sacred sites. This was done in a sense of urgency. All faiths had to unite because all of them could become a target. The question arises: How religious faiths as a unity, broaden its voice, exert more power and be heard more widely?

Furthermore how can museums help in this? Some reasons why they may be able to help are:

They are highly visible and can help is safeguarding artifacts

They have resources to send out persuasive messages.

They can serve as a global meeting place for similar minded people.

They can act as a source of knowledge.

An important point in the issue of preserving sacred sites is the confronting issue of property rights versus religious sentiment. In order to put forward persuasive arguments for preservation, one needs to formalize the question of:

Why does it need to be preserved?

Chair:Dr. Larry E. Sullivan

Dr. Sullivan briefly gave his introductory statement, in which he said that many religions include the destruction of objects at the end of a cycle. With this destruction, comes renewal.

It can even be that a group demand sacred objects from a source, only to destroy it. This probable has to do with the idea that imagery stands in the way of our relationship with the divine. A setting free of an attachment to something that takes up energy. The question why we need to conserve must rest on persuasive reasons to account for the desire to conserve. Some groups might see the need to preserve only as a colonial propensity to acquire. The deliberate destruction of religious artifacts is a very troubling affair. And so, the opening of a religious Museum would at least allow the preservation of some cultural symbols and differences. The task at hand is specifically to conserve religious objects and structures. The goal is very simple and the opening of the museum will further allow the realization of this goal.

Hopefully the discussions of the following sessions, will answer some of the questions I' ve set out to you already such as:

Why do we need to conserve?
What are the cultural reasons?
What is the religious reason?
How can we persuade others of the importance?

He concluded by saying that he looked forward to see what would come out of the discussions, especially regarding preserving monuments.

Rabbi Awraham Soetendorp

Rabbi Soetendorp began his speech with a referral to a Jewish folklore, describing two brothers whom were arguing about the land. They asked their teacher to tell them who had the right to the land. In turn the teacher put her ear to the floor and listened. The earth had said, "It is not me who belongs to them, but them who belong to me."

It is not the place that honors the human, but the human that honors the place. God does not need our place of worship, but we are the ones in need. Sacred places have a purpose. Space can divide us. We come together with wisdom, love and heart both in spiritual and structural states. Being of Jewish faith, he referred to the Muslim Koran, which includes a belief, which is shared by both religions. "He who saves one life saves all humanity. He who kills one life kills all humanity." We are brothers, sisters, and family. We come from the same land. We must find a way beyond the abyss and start respecting each other.

He appealed to the Muslims to find a way with the Jews to reach peace in the Middle East. He said the Temple-mount in Jerusalem should act as a source of peace not a stumbling block.

He made the suggestion that the museum must establish a sort of road show where a group of representatives of different religions actually visit endangered sites. Prayer and meditation should be undertaken on site. This will make it visible to the world and focus attention on it. They could then visit various such sites where urgent attention is needed. The focal point of the education of a child is to move from place to place and to experience it and learn about it but also from it. Tolerance and respect will eventually lead to love. The journey must never stop. He said Martin Luther King Jr. was once asked what he learned about his walking pilgrimages, to which he responded "I learnt that we could pray with our feet."

Maria Habito

Mrs. Habito began by saying that she was very honored to share her reflections about the contribution museums can make towards furthering the much needed inter-religious understanding and cooperation in the world. She attended a conference in Taipei commemorating the 400th anniversary of the Italian Jesuit Matteo Ricci. He succeeded where his predecessors had utterly failed by becoming an outstanding cultural ambassador who was received and trusted by the Chinese emperor. Prior to this, the acceptance of a foreigner let into the close circle was unthinkable. His knowledge, and love for the Chinese people opened hearts and doors. She visited Dharma Master Hsin-Tao, whom has now become, like Ricci, a religious and cultural ambassador. His own distinctive mission for the 21st century is the fostering of understanding, respect and love among all the world's religions and the protection of Sacred Sites.

She referred to the meeting in 1999 in South Africa at the World Parliament of Religions and the speech Master Hsin Tao made. At that gathering he stressed the fact that many wars and conflict between religious groups begin because of a lack of understanding and knowledge of the other religions. This lack leads to distrust and rejection of the values of the other group. To educate then seems to be a part of the solution in preservation of monuments and sacred sites and relics. The creation of the Museum and the establishment of the Commission for the Protection of Sacred Sites, occasioned by the Taliban' s destruction of the ancient Buddha statue, are two concrete steps taken towards the realization of these goals.

Destruction of religious sites due to environmental degradation, civil strife and war has been an ongoing process. The demolition of churches, mosques, temples or buildings, with symbolic or cultural value, has become the rule.

Sacred religious sites and religious objects are both historical and timeless signposts of the Holy that point to the original wholesomeness of both our material and spiritual existences. If we allow their destruction, we will more and more lose sight of the Holy in the world. Fact finding missions to places already in conflict is very important. She referred to the events of September 11th in the U.S.A., as one big question emerged among so many others"

"Why do they hate us so?"

Imagine a world in which people would ask:" Why do they love us so?" That is the world envisioned by the Museum of World Religions.

Dominique Ponnau

He said after the previous speaker he preferred to be silent but have to talk.

Mr. Ponnau gave a brief explanation of his French background and standpoint. He explained the major role Christianity played in the history of France, but stated that the influence of Islam, Judaism and Buddhism can be everywhere today. He referred to the fact that many Christian sacred objects have been destroyed. Only 10% of the Christian paintings of the 17th century survived the destruction.

He believes there is both a positive and negative role religion plays in today' s society. But, that a religious museum will be more for good than for ill, by far. He sees museums as not only a collection of works and artifacts which we call "sacred" , but also as architectural containers for a presence transcendence in which all visitors are welcome. The possibility, through the study of the origins of artworks, to accept, whether they were ours from the beginning or originally strange to our culture, all forms of art that are beautiful and capable of giving enjoyment as assets, that are specific to us, precisely insofar as they are universal.

John Stubbs

The speaker referred to his previous speech where he looked at the 'what' and 'why' things should be conserved. This time he wanted to look at the 'how' of doing it and make some recommendations.

Having previously spoken, John Stubbs gave a brief overview of his previous speech, including visual images of structures on projection, which merit conservation. The preservation and restoration of buildings could be done in various ways, including census, fundraising to pay for the restoration and government notice.

He showed examples of a monastery in Spain and a synagogue in Poland where limited intervention from the part of the World Monument Watch Program just grew day by day. The monastery in Spain ended up on the World Heritage Site list. The whole country will benefit from this.

Then he briefly discussed a method used by the World Monument Watch Program to analyze the situation and find ways to correct it.

The procedure involves a workshop that looks at:

a. The issue that needs to be addressed.
b. Defining the issue
c. Discussing the issue
d. Presenting the results and recommendations to a panel of critics and interested parties.

This can be done in a week and the method proves to be successful due to the following reasons:

1. There is a polite forcing to reach consensus of what should be done.
2. This document acts as a fundraiser.
3. The document also serves as a notice to the government of the proposed plans of rehabilitation.
4. It saves repeating explanatory time to any interested parties.

He concluded by saying that the possibilities are open and results have been achieved when action has been taken. At least the idea to set up a commission to preserve is something positive and opposing to the acts of terrorism and destruction.

Archbishop Yephrem Tabakian

Religion is a major force in society. It is a promising step to consider a dialogue among the different religions, and it is vital and urgent. Religious sights are sacred by their nature, scopes and by their missions. Dialogues that take place in churches, in which God dwells, and in which God reveals himself in the spirit of communion, can enlighten people.

All persons must protect different cultural values and traditions. Faith is an expression of inner yearnings and aspirations. Religious sites, are a concrete manifestation of spiritual treasures. Spiritual sites build and empower the spiritual richness of all humanity. Love, reconciliation, justice and peace...let' s join all the religions of the world to a better understanding and trust.

Senada Demirovic - Institute for the Protection of Cultural-Historical and Natural Heritage of Mostar,Bosnia.

The speaker thanked the organizers for the opportunity to be there. She showed slides about Bosnia and the destruction of almost all of the religious places.

Although a part of her presentation focused on destruction, she also showed some of the restoration work made possible with the help of UNESCO. (United Nations Educational, Scientific and Cultural Organization)

She is of the opinion that the cultural heritage of Bosnia should be that of the world and therefore the world should help in the re-building of the sacred sites and religious buildings. She also said that restoration of monuments seems to have a reconciliation effect on people of that area or region.

Her last appeal to the meeting was to assist in establishing a youth center in her hometown, to help with the restoration program there. Currently there are only old people living there.

Nana Apeadu-Chief

"I noticed there is a great improvement having three women on the panel!" Ms. Apeadu jokingly opened her part of the program with.

She mentioned that someone that morning referred to African religion as the religion of primitive people. She said many women are part of the peacemakers of her country.

The speaker stated her view of how colonialism had stripped the African of her/his identity and humiliated her/him. She mentioned how she saw the influence of Christianity on the indigenous religions of Africa and how she felt this changed their views of their own religions. She said Indigenous Religions should be taught in schools, so that the children could be proud of their African names, language, culture and heritage. Her concern was that there is a lack of respect for sacred sites connected to indigenous religions and quarrying and crushing of stones in these sites are permissible.

She urged for a deeper understanding of these African Indigenous Religions and the impact of Christianity had on them.

Chair:Dr. Larry E. Sullivan -The chairperson introduced the next speaker:

Sri Sri Ravi Shankar - Art and Living Foundation

The speaker made it clear that in his view all things are sacred but most of all human life. He said educating the people about different religions and their values will help to create more tolerance and understanding. Sacredness brings retention and focuses the mind, which helps to uplift the values of life.

The speaker stated that he witness the diminishing of sacredness especially among the youth of today. Young people needed to be educated in the role religions and sacred sites played in their life. He focused on the point that the most sacred of all is human life, more sacred than time and place. If we can preserve mountains and buildings we should keep in mind to preserve sacred life

Lastly he expressed the hope to see more similar cross- religious events.

Archbishop Zachariah, Malankara - Archdiocese of the Syrian Orthodox Church in North America

He said looking at sites some of them will be sacred and others less. Depending on your background your value added to them will differ yet; no religion may preach the destruction of any sacred site.

His point of emphasize was that it is difficult to formulate what is sacred, but said that if we looked at the Universe as an whole and regarded that as sacred, then we will have something to preserve for generations to come.

He concluded his speech by recommending that one should make an indebt study of ones own religion and through that, find the reason to be part of the broader picture.

Father Maximillan Mizzi - Centro Francescano Internazionale Per il Dialogo

He greeted the meeting with the words of St Francis of Assis:

"May the Lord give you peace." The speaker also asked the question- what is really sacred? He said he thinks, it is:

- Places man meets with god.
- Places of worship.
- Places where people speak and listen to god.
- Places where they find joy and spiritual connection.
- Places where they find guidance and have an appointment with god.

He said nobody has a right to destroy these places and though it is not god they destroy it is a place that reflects god and his sacredness. He urged people to keep their hands of from the objects and holy sites of other religions.

In the end everything is sacred. Looking around we seen the pollution of everything including the human mind. This situation can only turn around if we start our education at home.

Dr.Ho,Chuan Kun -Archeologist and Director of the Anthropology Dept. National Museum of National Science Taiwan

The speaker congratulated the MWR on its opening.

He focused on his expertise and used a case study to explain how archeologists define a site as being sacred. He used the example of a sacred site in the eastern part of Taiwan.

There are four (4) qualification criteria to be met:

1. I t must be a spot of focused attention
2. There must be boundaries between this world and the next.
3. There must be the presence of a form of deity
4. There must be a form of participation and offerings.

He showed slides of the actual site and explained the reasons why it was a sacred site but refrained to give advice on the preservation of sacred religious sites. His talk was short, yet clear and meaningful.

This ended the formal speeches on the first half of the program. The floor was handed over to the two co-chair persons of the next session: **Professor. Dr. Mark Fang, S.J. and Amei Wallach**

TOPIC : MUSEUM AND THE WORLD RELIGIONS. CREATING A NEW PARTNERSHIP

Chair: **Professor. Dr. Mark Fang, S.J.** (Former Director of Graduate Institute of Religious Sciences. Fujen Catholic University.)

Chair: Amei Wallach

Panel:

M.Mittal : Founder, Hindu Leaders Forum

Ifet Mustafic : Inter - Religious Relations, Islamic Community in Bosnia-Herzegovina

El Farid Hachem : Middle East Council of Churches, Lebanon

Chair: Amei Wallach

Panel:

Mary Sue Sweeny Price : Newark Museum

Fred Hertz : Sacred Sites Foundation

Hanne Strong : President, Manitou Institute

The chairperson,

Dr. Mark Fang asked the first speaker to continue with his speech.

M. Mittal, Founder, Hindu Leaders Forum

The speaker made it clear that he had no knowledge of the subject but thought he might bring some new insight to the meeting. He informed the religious participants that most business people do not care about preserving sites. They are simply not interested in the subject and would need to be educated and informed as to why it is important.

The speaker's main point was that religious people must understand that business people are ignorant, because they do not really have a vested interest in preservation of buildings and property. He said if the business community understood the importance of this, they might begin to play a part in the process of protection and he will offer help in the establishing of a bridge between the business world and religious people.

Ifet Mustafic, Inter - Religious Relations, Islamic Community in Bosnia-Herzegovina

The speaker sketched a picture of the situation in Bosnia- Herzegovina and said it is a living museum of how different religions could survive together.

Besides Jerusalem, Bosnia is the only place where you will find a synagogue, mosque, cathedral and orthodox church so close to each other. This togetherness and mutual sharing of space existed for hundreds of years. It all changed during 1992-1995 when over 80% of the sacred sites were destroyed and damaged. 90% of movable objects have been lost irretrievable since then. He stated the importance of affirmative education programs and said he feels it is the only way to success. He concluded by making some suggestions.

1. He asked everybody to help to define the word sacred.
2. Everyone should help rebuild faith, trust, respect and recognition of all religions.
3. All religions should receive equal treatment by the MWR.
4. More similar museums should be established.
5. The museum should have a consulting body where there is no missrepresentation of religions.
6. That Sarajevo is used as a living example of how religions can work together.

El Farid Hachem, Middle East Council of Churches, Lebanon

He explained the role of the MCC and said that it is a meeting place for various churches of the region. Through interfaith dialogue, it has played a role in handling conflict in the region. This speaker spoke about the situation in Jerusalem and the Middle East. He said religion has been used in a positive and negative way. People found reasons to build, and destroy in the name of religion. He expressed the hope that different religions would find ways to overcome this, especially where it lead to conflict, destruction and war.

The floor was handed over to the next chairperson

Chair: Amei Wallach

Amei immediately said that she hoped to facilitate or lead the discussion so that constructive ideas could be brought forward and immediately introduced her first speaker.

Mary Sue Sweeny Price: Newark Museum in the State of New Jersey

Ms.Price expressed the hope that the Museum of World Religions might be the key to solve the abrasive and currently suicidal relationship between modernism and internationalism on the one hand and traditionalism and isolationism on the other.

Through a slide show of her recent exhibitions (On Tibetan art and ritual and on Bengali integration of daily food presentation and religious devotion as performed by women) at the Museum, Ms. Price stressed how museums today should preserve devotional art of tradition and said museums should stress education and outreach. Mary talked about "devotion" as crucial to any endeavor embarked on such as preserving sacred sites. An important point mentioned was that after centuries living side by side with the Muslims in Spain, indigenous Christians and Jews had become used to these crafts, and had to a greater or lesser extent made them their own. The styles therefore survived the demise of the ruling group that had introduced them.

Fred Hertz - Sacred Sites Foundation (Legal Organization)

Since the speaker gave the meeting a report, it is recommended that the report should be studied to see how different countries could benefit from other related fields in this struggle of sacred preservation of sites.

The speaker referred to case studies in the United States to underline the route proposed to follow, in finding common ground between opposing groups on sacred sites. The problem increase when the defender of the site itself is not the owner and the owner does not show any respect towards the defender.

It is at this point where a "neutral" could play an important role as mediator, witness or facilitator. This neutral is not the owner, not the religious group, not the decision maker, so stand apart from the issue. Still it organizes the meeting and help with the dialogue. Most important is that the parties directly involved in the conflict come to appreciate the contribution the neutral can offer.

The Sacred Sites International Foundation (SSIF) is a non-profit organization that has worked to advance an appreciation for the preservation of sacred sites. He mentioned the example where negotiation and respect ended in a site being developed, yet the council paid for extensive archeological work prior to the construction. The SSIF has identified a series of strategies, to overcome inherent challenges in these conflicts.

1. Create linkages between the secular group leaders and representatives of

affected religious groups.

2. Include the widest number of participants in public discussions regarding sacred sites
3. Continue to communicate with all stakeholders throughout the decision-process.
4. Delay destruction that would render moot any reasonable debate over the fate of the site. Find out where is the power and use it. This includes legal action.
5. Foster recognition of those who value sacred sites as part of their larger cultural environment as distinct from those for whom the sites have particular personal spiritual importance.

Engaging in highly emotional conflicts over the fate of sacred sites is not a simple task but can be obtained when the participant's honor the diverse perspectives of those involve. He also made it clear that although the participants of the conference might think it is a priority, it is not a priority to the rest of the world to conserve these sacred sites.

Hanne Strong - President, Manitou Foundation

This speaker had a short speech but almost summed up what other speakers said. She stressed the fact that humanity is killing the earth and unless the destruction is reversed there will be no sites to preserve or nobody to preserve them. All the pollution that we have been creating is now coming back to us. The earth is slowly turning her back on us. And there can only be one looser.

She focused on the earth as a total system as been sacred. She stressed the point that no program of restoration can succeed, if it neglects the global picture.

Her suggestion was short and sweet:'Get on with the job.'

She asked religious groups to bring their wisdom and help in the education process of the youth. This education programs need to focus on raising the level of consciousness because without it, there simply will be no future.

The Chairperson **Dr.Mark Fang,** invited questions from the floor.

Various people put the following questions and suggestions forward. Where possible the names have been documented.

Ron Kronish, Israel:

The speaker invited a road show of the museum to Israel.

Question :

He asked Mr. Farid Al-Hachem if in his dialogues of Muslims and Christians he could include Jewish participants? And, he added his voice to Hanna Strong, who calls on us to save the earth, and to bring together religion and environmentalism.

Suggestion:

1.As a means of inter-religious dialogue having a Traveling museum of world religions.

2.In the future at such conferences, he suggested that instead of a big session, there be smaller sessions for dialogue. More time for prayer, meditation and singing at future meetings should be part of the agenda.

Mr. Farid Al-Hachem answered that there was current dialogue with representatives from Judaism, but they are waiting for initiatives from other groups. As a church they cannot take the initiative. The Middle East situation is too complicated and sensitive for that.

Bishop Zacharias Mar Theophilus, India:

Question:

What if a sacred place is sacred to several religions, like Jerusalem, and tensions arise because of this, how do we solve this problem?

Suggestion:

Throughout this conference we have heard that the answer is to 'respect and love," but we need a program and plan for further action. Many wars are religious wars...we need to commit ourselves, to take steps for further action.

We need to make sure that there will be programs to execute the proposed ideas.Politicians do not seem to be able to end the conflict and wars that originate from religion. Can religious leaders work with political leaders in this regard?

There is also a suggestion that religions should educate their own followers on the values and principles of other religions. This can prevent destruction and hate based on ignorance.

Archbishop of Greek Orthodox Church:

He said the following: " We must ask ourselves, who is destroying the sacred sites?" then he answered by saying it is religion itself. He said we are not innocent because our religions are taking part in this destruction. We must understand and improve our theology, we must deeply understand our own religions, and we must understand more about the psychology of our religions.

The speaker made the interesting point that when we do not have enough faith in our own religion; we try to destroy others to rid ourselves from the questions we cannot answer. We feel threatened by others because they seem to work and ours don't. The more sure we are of our own religion, the more tolerant we become.

The Chairperson said that during the conference it became evident that

1. **action and 2. commitment** are important before anything will happen.

Bishop Ngada, Spiritual Churches Insitute:

We are in a dilemma because after the Christian missionaries came to Africa, we were forced to give up our traditional names, our traditional culture...our so-called "paganism", but we left with confusion. People who were converted to Christianity would still, in times of difficulties practice their traditional rituals.

For example, practitioners of traditional religion may not always worship indoors, may not have a specific house of worship...if we danced around a tree that environmentalists have decided is a rare or endangered species, the police could be called and we could be arrested. So what is the definition of sacred? What happens when practitioners of traditional religion come into disagreement with environmentalists or animal rights activists? These questions are not so clear to find answers for.

Mr. Naresh Jain (USA):

H.E. agreed that there needs to be more representation for Africa's 53 nations in the Museum of World Religions.

Suggestions:

He suggested more youth involvement in future conferences on world religions. He said he was glad to see the youth working at the conference and hoped to take back some of this experience to the USA. He also suggested smaller discussion groups at future meetings.

He said we should remember that there is no absolute truth; we should always listen to the other point of view, the other's truth. More inclusiveness is needed and more participation of non-religious professionals, like lawyers, in this process. A mediator such as lawyer and businessman can give direction to issues primarily found in the religious sphere.

Rabbi Soetendorp:

He said he encouraged Mr. Farid Al-Hachem as he undertakes cross religious dialogues, and wished to develop educational exchanges between seminary students. He informed him that they do take initiative and would like them to meet. He said he agreed with the speakers' views and if a little peace can come in Jerusalem because of this meeting, it will be wonderful. He mentioned that there are plans to get Muslim students to spend some time at a Jewish institution as an outreach for peace.

Professor Chiang, Shao-ying :

The professor answered the question of a previous speaker on the issue of indigenous African representation in the Museum of World Religions. In fact, Master Hsin Tao visited Africa in 1993, 1994, and 1996 and met with various religious groups we do welcome input from Africa and there will be a place for African religions in the Special Exhibits, in a permanent special exhibit soon, on the 17th century kingdom of Ghana, its religion and culture.

Shirley Harmison

She said in her work in public schools they tell the students to meet and make a new friend, and so in this conference asked people to do the same, talk with someone from another religion or culture and reach a consensus and take it back home to their own community.

Ms.Singh:

She said we must encourage inter-religious dialogue, stress education and go to the schools; encourage also the role of third parties as mediators in inter- religious dialogues.

Mary Sue Sweeney Price:

As someone said earlier, we must understand one's own religion better, and this can happen in museums.... The museum is a secular place that respects all religions...She also stressed the role of the traveling museum as an educational tool. This can be an additional part of the MWR.

Syrian Archbishop Zachariah Malankara

He said we all try to find ways to educate the youth but adults created the problems. The real solution is to educate the adults, even more than children. It is the adults that impart religious ignorance and prejudice to children so we should utilize to the utmost Internet, etc. to disseminate information and knowledge to the public in general.

His view is that we should make politicians stick to politics and religious leaders stick to religion. This could bring some sanity to the world.

Korean Buddhist monk:

Now we must delineate our objectives and future directions after this conference and carry through from here.

He stated that the Buddha figures in Afghanistan have been used as targets for many years and since the region belongs to Muslims, the attacks on the statues were aimed at the west. The people that came to look at the statues were western and that was the connotation that triggered the attack. The people of the region do not even know what Buddhism is about.

Unidentified speaker:

The speaker made some valuable points and said:

We must play a role in preventing destruction.

We must play a part in the re-building of damaged sites.

Education must form a part of the process.

Although the view is very broad, the goals should be specific and the plans to achieve this formulized.

This was the end of the open discussion session.

SUMMARY:

Dr. Mark Fang:

He summed up in what he felt was the three main points of the above discussions:

Wholeness of vision; come out from the confines the boundaries of your own traditionThe importance of education, not only for young people but also that religious leaders themselves are also teachers and should never forget their role, as teacher.

What is the meaning of sacred sites, of sacred spaces? Originally it was a place to keep your sacred objects but now the meaning is far broader...

Conclusion:

In conclusion Venerable **Dharma Master Hsin Tao** mentioned that the points of discussion would be analyzed and put into practice. Lot of constructive ideas came forward and will be put into action one by one.

The Master then referred delegates to the declaration handed to them earlier during the conference. This declaration has four main points on which those present agreed:

1. Identify sacred sites already destroyed or in danger of destruction and explore ways to set up a process to archive these sites through drawings, photographs and documentation in a publicly accessible way.
2. Publicly condemn individually and together those actions that threaten or destroy sacred and religious sites and communicate our concern and condemnation broadly.
3. Support the organization of the Commission for the Preservation of Sacred Sites to bring together representatives from the fields of religion, culture, politics, business and academia to participate in preservation, restoration and rebuilding of sacred sites.
4. Identify a site to be rebuilt and integrate the rebuilding with inter religious dialogue, healing and education through the support of the international religious and cultural communities.

He promised his staff will summarize and prepare a final report and that it will be mailed to them as soon as it is ready.

He mentioned the establishment of a World Religious Youth Unit and said it was open to all youths around the world.

He invited all the participants to the conference to make use of the museum and the initiatives that will spread from this conference.

He also promised to take care of the relics and objects on loan to the museum and thanked them for their contribution. He once again invited everyone to come forward with ideas and not to wait for conferences like these.

Dena Merriam - Vice Chair, Millennium World Peace Summit

Dena just made a final remark that the world has changed and that no country lived in isolation anymore and no one community can look after his sites and objects alone. We are all caretakers to these sites, she said. The world must unite to preserve sites and form partnerships. We must embrace the diversity because only then will we respect each other and find reason not to destroy each other's sacred sites. We must also continue the discussion.

In conclusion all present were invited to come forward and to sign the declaration, or to visit the web site and sign it there.

The meeting ended.

國家圖書館出版品預行編目資料

珍藏世界宗教博物館：開館實錄＝Treasure Museum of World Religions Opening Celebrations VCD enclosed
洪淑妍 主編
——初版——台北縣永和市：
世界宗教博物館發展基金會附設出版社，2002〔民91〕
180面：14.2×28公分
ISBN/ 957-97653-4-0（精裝附光碟片）
1.世界宗教博物館　2.宗教-論文, 講詞等
206.8　　91001100

出版者 / 財團法人世界宗教博物館發展基金會附設出版社
發行人 / 楊麗芬（釋了意）
主編 / 洪淑妍
文字編輯 / 洪淑妍
編輯協力 / 世界宗教博物館編輯委員會
校對 / 釋廣果 釋鴻持 卓芳玉 洪淑妍
美術創意 / 周木助
攝影 / 李信男 徐勝雄 鄭慶權 徐肇陽 倪紀雄
曾中和 張萬 吳昱蒼 徐嘉宏 陳俊吉 郭宏東
VCD影像剪輯 / 周智芬 陳鴻森
印刷 / 安隆彩色印刷（股）公司
電話 /（02）2226-4888
郵撥帳號 / 18871894
戶名 / 財團法人世界宗教博物館發展基金會附設出版社
地址 / 234台北縣永和市中山路一段236號7樓
電話 /（02）8231-6699
傳真 /（02）8231-5966
ISBN / 957-97653-4-0
出版日期 / 2002年2月初版
定價 / 400元
◎版權所有　翻印必究◎